AF377702

Organiza tu vida y tu trabajo en 5 pasos

MANUAL PRÁCTICO DE LAS 5'S
PARA GANAR EN CALIDAD Y PRODUCTIVIDAD

Organiza tu vida y tu trabajo en 5 pasos

MANUAL PRÁCTICO DE LAS 5'S PARA GANAR EN CALIDAD Y PRODUCTIVIDAD

LUIS SOCCONINI

MARCO BARRANTES

Colección: Gestiona
Director: David Soler

Manual práctico de las 5'S para ganar en calidad y productividad
Organiza tu vida y tu trabajo en 5 pasos
1.ª edición: 2014, Grupo Editorial Norma
2.ª edición 2020, Socconini
3.ª edición 2020, Marge Books
4.ª edición 2023, Marge Books

© 2020, 2023, Luis Vicente Socconini Pérez Gómez y Marco Antonio Barrantes
Verdín (Registro Público del Derecho de Autor: 03-2020-022812051800-01)
© de esta edición, ICG Marge, SL

Edita: Marge Books
Brutau, 160 - 08203 Sabadell (Barcelona)
Tel. 931 429 486 – marge@margebooks.com
www.margebooks.com

Gestión editorial: Bernardo González
Edición: GalaxiaLiteraria.com / PuntoyComaEditores.com, servicios editoriales
Ilustraciones: Jorge Díaz Barajas
Imagen de portada: Depositphotos
Impresión: Safekat, SL (Madrid)

ISBN edición impresa: 978-84-19109-47-7
ISBN edición digital: 978-84-19109-48-4
Depósito Legal: B 11075-2023

 El papel empleado en este libro no ha sido blanqueado con cloro elemental (CI_2).

Los autores

LUIS SOCCONINI

Es ingeniero industrial por el ITESM, campus Guadalajara, México. Tiene una maestría en Calidad y Productividad y es Máster Black Belt.

Está Certificado en *Strategic Management* por la Universidad de Stanford, en *Leading Product Innovation* por la Universidad de Harvard y en *Industry 4.0* por el MIT.

Ha trabajado para la escuela de negocios de Wharton, Pensilvania, como consultor de empresas; en la Cervecería Grolsch, en los Países Bajos, como ingeniero de procesos, y en IBM como ingeniero de manufactura.

Como director de Lean Six Sigma Institute, desarrolla proyectos de alto impacto en empresas como Abbott Laboratories, Kraft Heinz, Coca Cola, BMW, Bimbo, Fender, entre otras. Desarrolla constantemente aplicaciones de productividad en industrias diversas como la construcción, minería, agricultura, gobierno, energía, servicios, etc.

Ha sido catedrático distinguido en varias universidades de prestigio en México.

Es autor de los libros *Lean Company; Lean Manufacturing;* de los manuales de certificación Lean Six Sigma en *Yellow Belt, Green Belt* y *Black Belt;* así como coautor de los libros *El Proceso de las 5'S en acción; Lean Six Sigma. Sistema de gestión para liderar empresas; Lean Energy 4.0* y *Green Belt, paso a paso.*

MARCO BARRANTES

Es Ingeniero Químico por la Universidad Autónoma de Guadalajara, México. Tiene una Especialidad en Competencias Didácticas, una Maestría en Sistemas de Calidad, un Doctorado en Ciencias del Desarrollo Humano y es Máster Black Belt.

Tiene más de 25 años de experiencia colaborando en empresas de manufactura de clase mundial: Technicolor, Jabil, Trend Technologies, Kodak, Panasonic, Sanmina y Cervecería Modelo.

Profesor de Posgrados en Manufactura y Calidad: Universidad Panamericana, Universidad de Guadalajara, Universidad del Valle de Atemajac y Universidad Autónoma de Guadalajara.

Ha participado como Evaluador del Premio Nacional de Calidad y del Premio Jalisco a la Calidad.

Agradecimientos

Gracias a nuestras familias por ser la base y fuente de inspiración en nuestras vidas.

También queremos agradecer a nuestros amigos, clientes y alumnos por su valioso apoyo que nos ayuda a mantenernos mejorando continuamente.

Un reconocimiento en especial a las empresas que participaron en los casos de estudio de este libro. Gracias por permitirnos compartir sus experiencias, así como por su contribución al desarrollo de las ideas y los métodos expuestos en este libro.

Índice

Prefacio

En la actualidad el ámbito empresarial es cada día más complejo, se caracteriza por su dinamismo, vertiginosidad y por una competencia intensa. Aunado a esto, la globalización, además de oportunidades, ha incrementado considerablemente el número de participantes en el campo de juego.

Una de las consecuencias de este panorama es que los líderes de las organizaciones actuales tienen como una de sus principales preocupaciones la de alcanzar por diferentes medios las herramientas que les permitan mejorar día a día.

Lo complicado de esta situación es que en aras de la mejora, los cambios en las empresas se dan cada vez con mayor frecuencia y se requiere que se asimilen en el menor tiempo posible. Sin embargo, estos factores de cambio en organizaciones relativamente jóvenes incrementan el nivel de estrés y generan en algunas ocasiones un efecto contrario al objetivo de mejora que se planteó al principio.

Las 5'S son un método que te permite fortalecer tus bases, te ofrece una manera sencilla y práctica de aplicar principios fundamentales de calidad para reforzar los cimientos en tu organización, de manera que se soporten las operaciones y el ritmo de vida de la empresa en un ambiente de permanentes cambios sin afectar su salud.

En este libro te proporcionamos un paquete integral de soluciones, que te lleva paso a paso y de la mano a, primero, entender en qué consiste el método 5'S para, posteriormente, a utilizarlo para desarrollar tu proyecto, proporcionándote material didáctico para capacitar a tus compañeros, guías ya elaboradas que podrás aprovechar para desarrollar el material de apoyo que requiere tu empresa y, por último, un software que te facilita la administración del proyecto.

El paquete de soluciones que te ofrecemos se ha utilizado exitosamente en varias organizaciones, por eso estamos seguros que lo podrás aplicar inmediatamente para mejorar tu entorno laboral, y si lo deseas, incluso lo puedes llevar a tu ámbito personal.

Recuerda que la mejor herramienta es aquella que se utiliza. Así que te invitamos a empezar a trabajar en tu proyecto 5'S y disfrutar sus beneficios.

Introducción

En el mundo de los negocios, cuántas veces nos hemos enfrentado a problemas como:

- Retrasos en entregas de productos.
- Errores en los procesos de producción.
- Accidentes.
- Áreas de trabajo sucias y desorganizadas.

¿Cómo podemos evitarlos?

¿Debemos acostumbrarnos a vivir con estos problemas?

En Japón se desarrolló un sistema conocido como las 5'S, que permite mantener organizadas, limpias, seguras y sobre todo productivas sus áreas de trabajo.

Para las empresas japonesas, el primer paso obligatorio en el camino hacia una filosofía de calidad total es la implementación de las 5'S.

Es por eso que hablar de procesos con:

- Cero accidentes.
- Cero defectos.
- Cero demoras.
- Cero desperdicios.

Es posible siempre y cuando se tenga el soporte de una operación estructurada bajo el sistema de las 5'S.

Cuando hablamos de las 5'S, son paradójicos los grandes beneficios que proporciona el sistema con lo relativamente sencillo, práctico y económico que resulta trabajar en su implementación.

Como anteriormente definimos, es un sistema para mantener organizada, limpia, segura y sobre todo productiva el área de trabajo.

El nombre de las 5'S tiene su origen en cinco palabras japonesas que empiezan con la letra "S":

- **SEIRI** (Seleccionar) Significa retirar de nuestra área de trabajo todo lo que no necesitamos para realizar nuestras operaciones productivas.

- **SEITON** (Organizar) Es ordenar los artículos que necesitamos para facilitar su uso e identificación en forma adecuada para localizarlos y, posteriormente, regresarlos a su lugar de origen.

- **SEISO** (Limpiar) Quiere decir mantener en buenas condiciones nuestro equipo de trabajo y conservar limpio nuestro entorno.

- **SEIKETSU** (Estandarizar) Es definir una manera consistente de llevar a cabo las actividades de selección, organización y limpieza.

- **SHITSUKE** (Seguimiento) Es crear las condiciones que fomenten el compromiso de los miembros de la organización para formar un hábito con las actividades relacionadas con las 5'S.

CAPÍTULO 1

Seiri (Seleccionar)

Eche un vistazo a su área de trabajo. Observe detenidamente todos los detalles.

Se ha preguntado si:

¿Necesita todo lo que ahí se encuentra?

¿Hay objetos que no utiliza?

Y entre los artículos que realmente necesita:

¿Están en la cantidad adecuada?

¿Son los que usa con mayor frecuencia?

¿Están siempre al alcance de su mano?

Seleccionar

Es retirar de nuestra área de trabajo todos
los artículos que no son necesarios.

Estos son los pasos que debemos seguir para retirar los artículos innecesarios de nuestra área de trabajo.

Esta lista nos puede ayudar a detectar áreas u objetos que por su naturaleza pudieran pasar desapercibidos ante nuestros ojos.

PASO 2: DEFINIR LOS CRITERIOS DE SELECCIÓN

Es importante definir un estándar que nos ayude a diferenciar lo que es realmente necesario de lo que no lo es. A continuación le presentamos algunos criterios que le pueden ser útiles:

- Sobre la base del **tiempo**.

▶ Seleccione como **necesario** todo lo que se va a utilizar durante un mes de trabajo.

▶ Y seleccione como **no necesario** todo lo que no se utilizó durante el mes pasado.

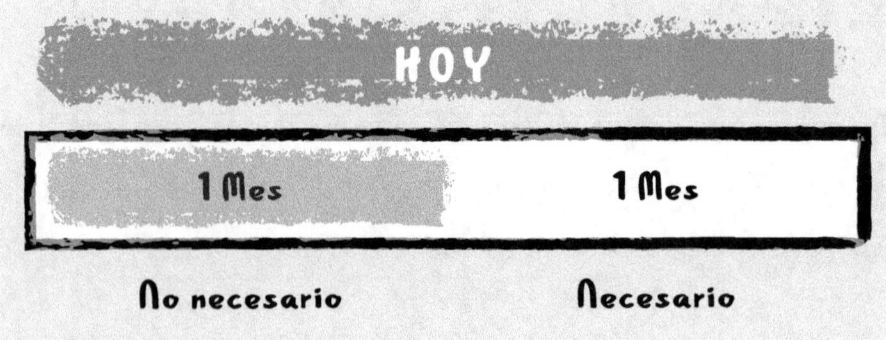

- Sobre la base de **frecuencia** de uso.

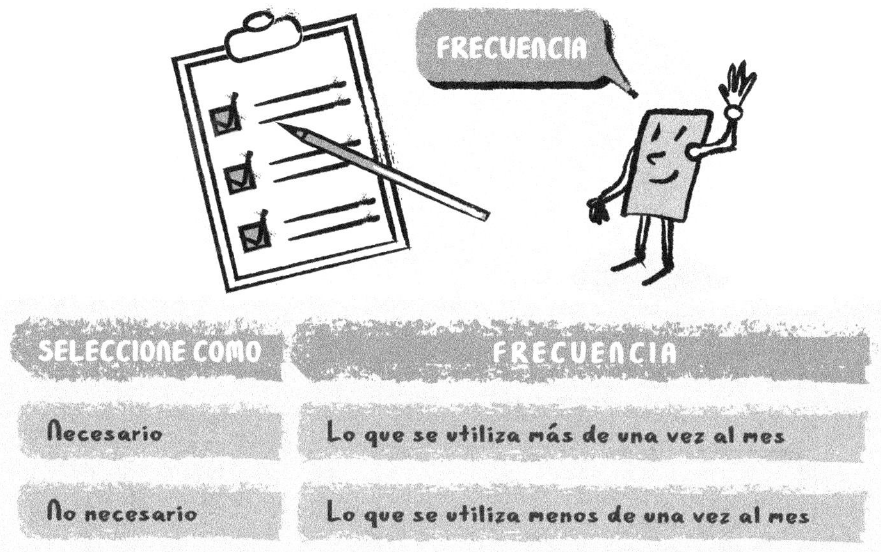

SELECCIONE COMO	FRECUENCIA
Necesario	Lo que se utiliza más de una vez al mes
No necesario	Lo que se utiliza menos de una vez al mes

- Sobre la base de la **cantidad** a usar.

▶ Seleccione como no necesario el excedente de lo que se utiliza en el área de trabajo.

Los objetos seleccionados como no necesarios deben ser identificados y confinados en un área de cuarentena.

PASO 4: EVALUAR LOS OBJETOS SELECCIONADOS

En esta etapa debemos decidir qué hacer con los objetos que fueron seleccionados como no necesarios, preguntándose si estos objetos:

- ¿Están de más?
- ¿Son obsoletos?
- ¿Están dañados?

Utilice el siguiente diagrama para decidir qué hacer con los objetos seleccionados como innecesarios.

Siga el camino que corresponda a la respuesta de las preguntas que se hizo.

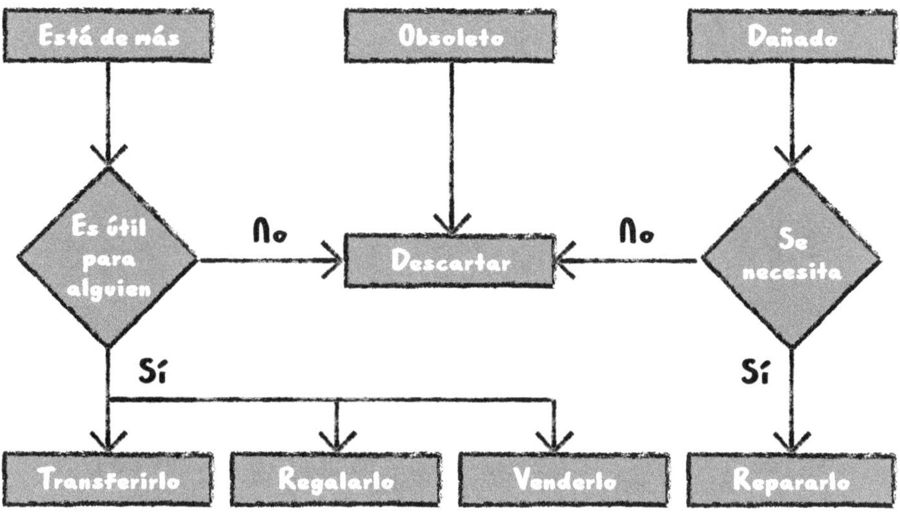

Por lo general, las áreas donde frecuentemente se almacenan los artículos innecesarios son:

- Lugares sin dueño (áreas comunes).
- Lugares semiocultos.
- Lugares cerrados.

▶ *No olvide buscar en estos lugares.*

Al completar esta etapa se podrá dar cuenta que, con el solo hecho de tener en su área de trabajo únicamente los artículos que necesita, obtendrá los siguientes beneficios:

- Más espacio.
- Menos estorbo de cosas innecesarias.
- Menor costo de inventario por no tener objetos de más (solo la cantidad que se requiere).

Recuerde que Seiri (Seleccionar) es:

CAPÍTULO 2

Seiton (Organizar)

La mayoría de nosotros seguramente hemos pasado en más de una ocasión por alguna de las siguientes situaciones:

- Perder tiempo buscando un artículo que necesitamos con urgencia.
- Sufrir algún accidente al tropezar con un objeto que estaba fuera de su lugar.
- Equivocarnos de calle por falta de señales que indiquen el camino.

PROCESO DE ORGANIZACIÓN

Este es el camino que debemos seguir para organizar nuestra área de trabajo:

El primer paso para organizar es dividir nuestra área de trabajo en zonas manejables que cualquier persona pueda identificar.

Mapa *(lay-out)*

- ▷ Use las columnas o alguna otra referencia para dividir el área de trabajo en zonas.
- ▷ Trace líneas horizontales y verticales e identifique sus referencias usando letras y números.

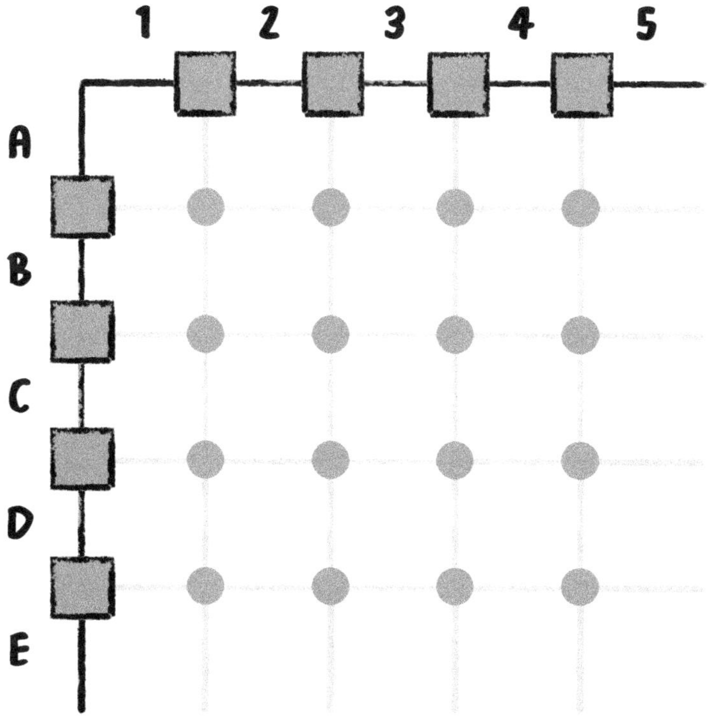

Los agricultores para tener una buena cosecha acostumbran abonar su tierra antes de sembrar, para tener un proyecto de 5'S exitoso, le recomendamos preparar su área de trabajo con ayudas visuales antes de empezar a reordenar cualquier artículo.

Código de colores

El uso de pintura de diferentes colores es una de las ayudas visuales más sencillas, prácticas y fáciles de implementar.

En el suelo usa diferentes colores de acuerdo con la función que esté definida para cada área.

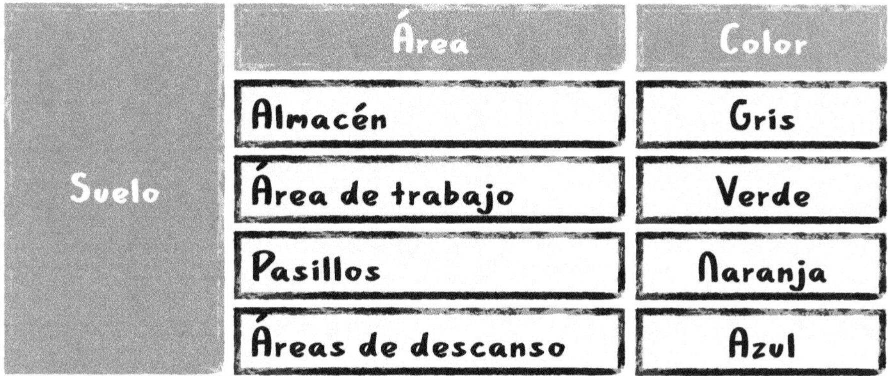

Este es un ejemplo de un área de producción de componentes con áreas pintadas en diferentes colores.

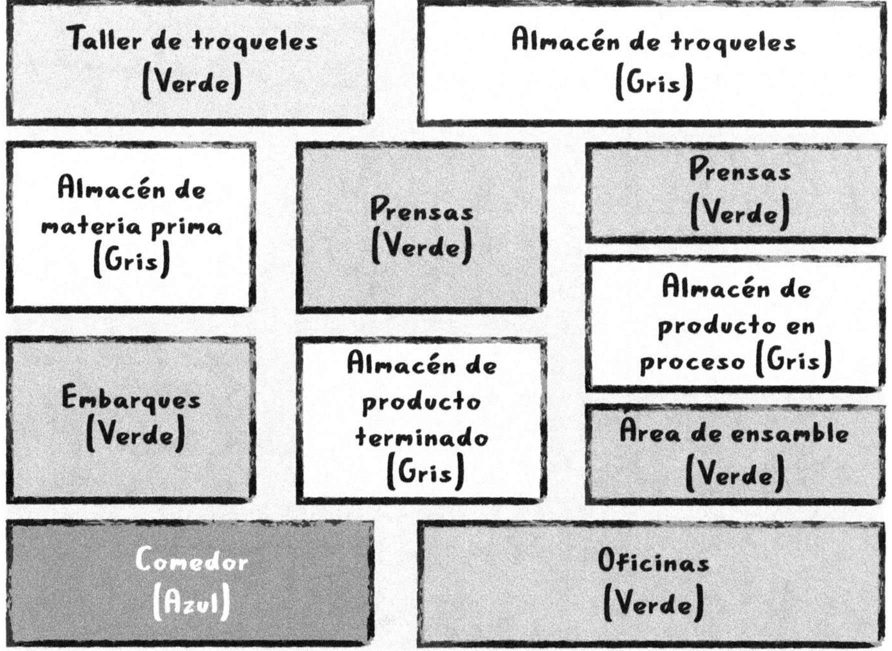

Para las **líneas divisorias** también se puede utilizar cinta adhesiva y el color se selecciona de acuerdo al tipo de línea que se requiere marcar.

Uso	Color	Características
Almacén	Gris	Rayas negras
Área de trabajo	Verde	Verde
Pasillos	Naranja	Naranja
Sentido en que abre la puerta	Azul	Azul
Almacén	Gris	Rayas negras
Área de trabajo	Verde	Verde
Pasillos	Naranja	Naranja
Sentido en que abre la puerta	Azul	Azul

Puede usar tableros, pizarrones, etiquetas o algún otro medio que desee para
identificar apropiadamente sus áreas de
trabajo.

Recuerde que los letreros deben estar localizados en lugares visibles y las leyendas ser claras para facilitar su lectura.

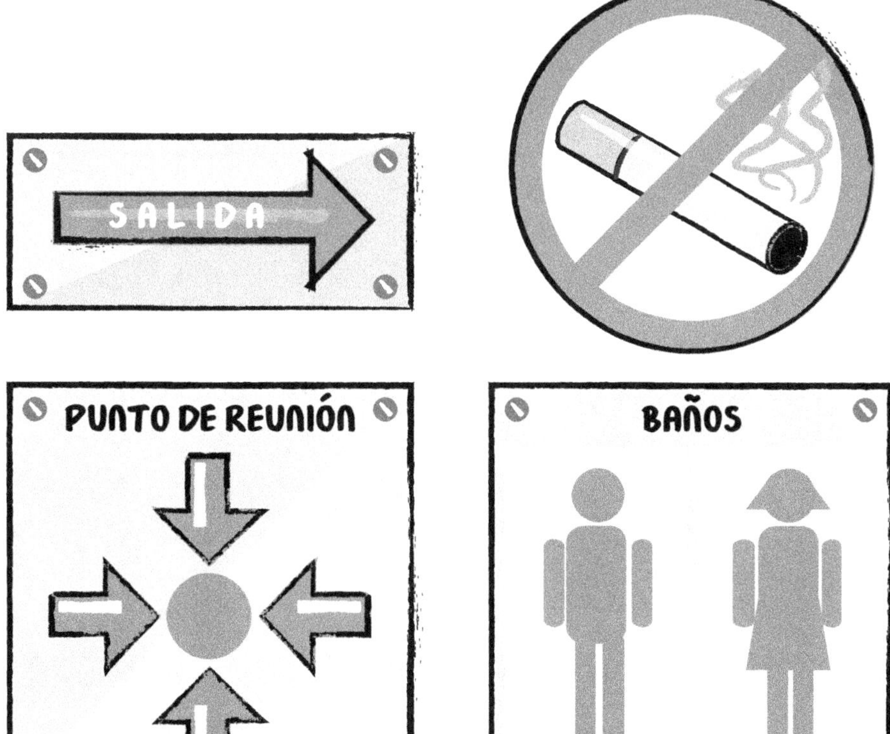

Tener un área de trabajo organizada donde cualquier persona inmediatamente pueda ver, llevarse y devolver cualquier artículo, es el equivalente a responder en forma adecuada a las siguientes tres preguntas:

¿Qué necesito?	Definir los artículos necesarios (Seiri – Seleccionar)
	Identificar los artículos (Etiquetar)
¿Dónde se encuentran?	Definir la localización
	Identificar el lugar
¿Cuántos artículos hay?	Definir la cantidad
	Identificar la cantidad necesaria

¿Qué necesito?

En la etapa de Selección (Seiri) definimos qué artículos son necesarios en nuestra área de trabajo.

En cuanto a la identificación de los artículos necesarios, se deben utilizar, de ser posible, pares de etiquetas adhesivas que contengan la misma información y pegarlas en el artículo y en el contenedor donde está almacenado.

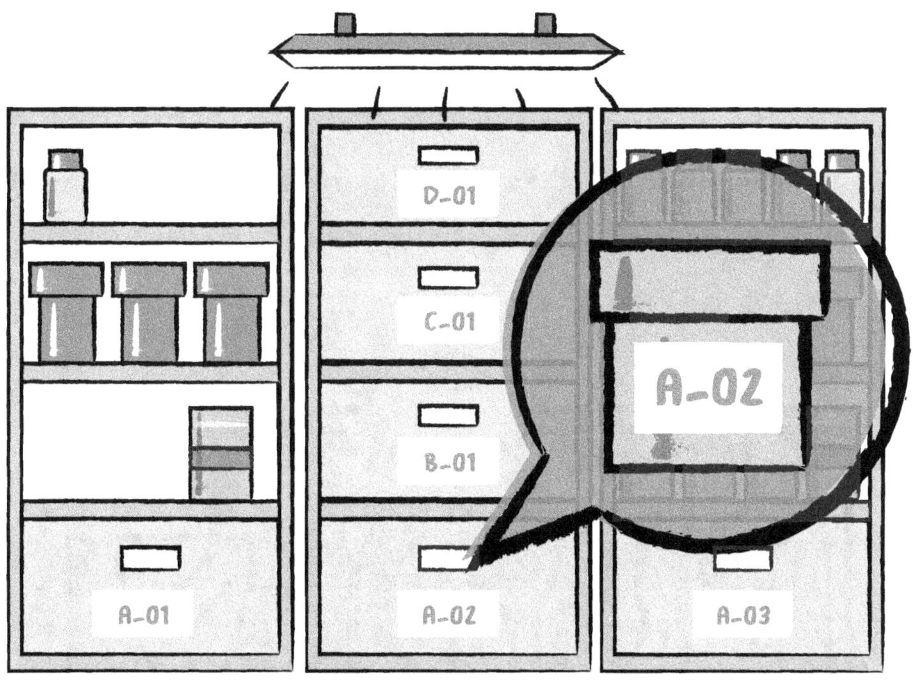

La información básica en las etiquetas es el nombre y/o el número de parte del artículo.

¿Dónde se encuentran?

Los siguientes principios le pueden ayudar a decidir la ubicación apropiada para cada artículo:

- Coloque los artículos en el área de trabajo de acuerdo a la frecuencia con que se utilizan.

  ▶ **Uso frecuente.** Cerca del lugar donde se utilizan.

  ▶ **Uso ocasional.** No se requiere cerca del lugar donde se utilizan.

- Almacene en la misma zona los artículos que se utilizan en conjunto y colóquelos, de ser posible, en el orden en que los requiere.

* Almacene en la misma zona los artículos que tengan una función similar.

* Evite almacenar los artículos en lugares cerrados.

Una adecuada identificación del lugar donde se almacenan los artículos facilita que cualquier persona pueda localizar rápidamente lo que necesita, y llevarse y devolver a su lugar cualquier artículo después de utilizarlo.

▶ Identifique las estanterías.

- Utilice números romanos para identificar las estanterías existentes en el área de trabajo.
- Divida las estanterías en columnas o bloques y filas.
- Utilice letras para identificar las columnas o bloques y números arábigos para las filas.

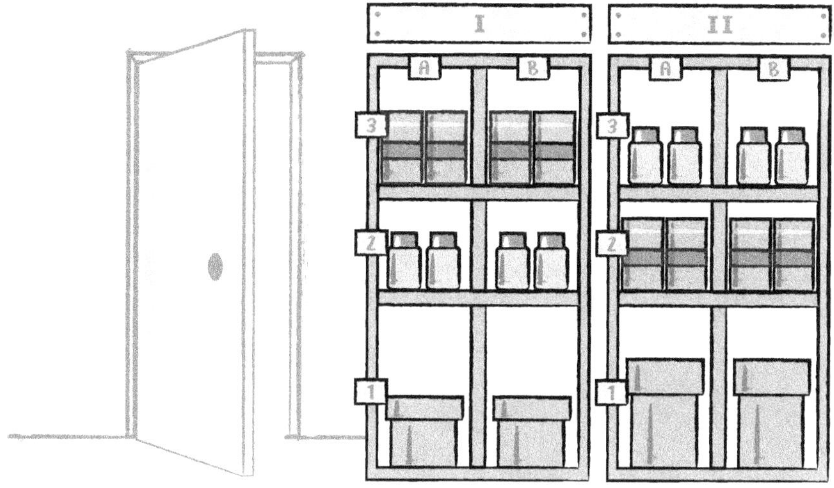

▶ Dibuje el contorno.

• Dibujar el contorno de una herramienta es una manera muy sencilla y práctica para mostrar su localización.

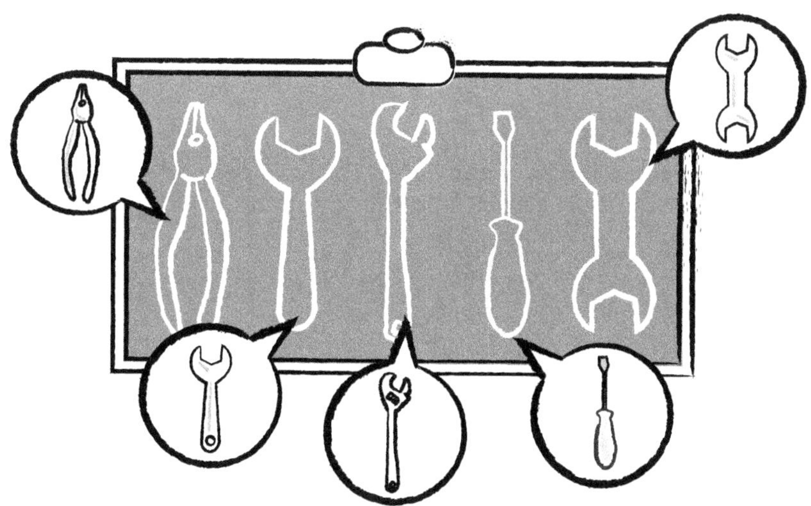

▶ Código de colores.

- Los artículos necesarios para elaborar cierto producto o trabajo pueden ser identificados con un solo color, y almace-
narse en lugares que estén pintados del mismo color para
facilitar su localización.

¿Cuántos artículos hay?

En la etapa de Selección (Seiri) definimos la cantidad de artículos
que necesitamos en nuestra área de trabajo.

Para facilitar la identificación de los puntos de reorden, así
como los niveles máximo y mínimo de inventario, se recomienda
marcarlos con un color determinado:

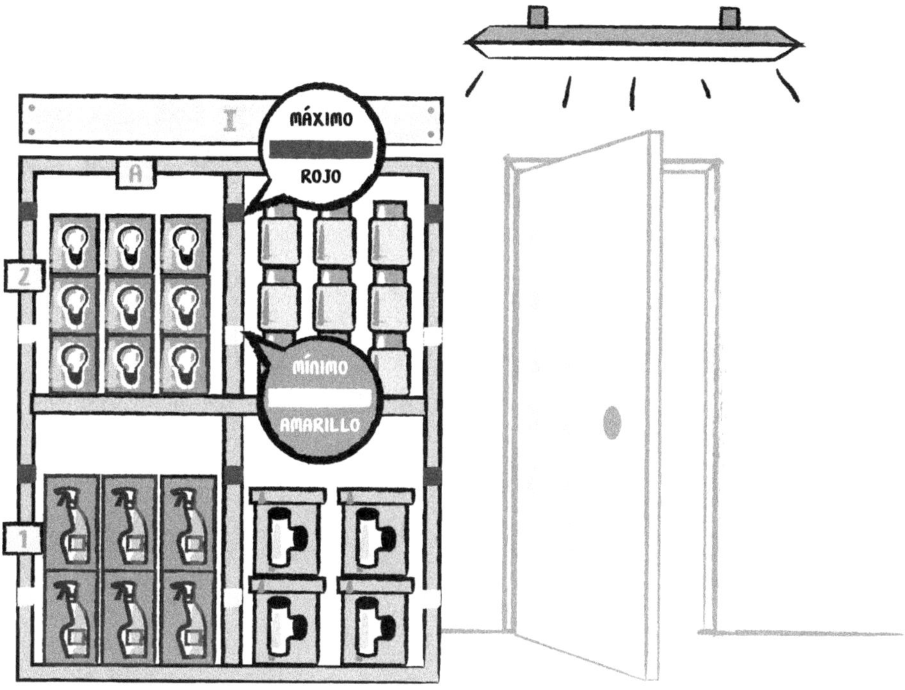

PASO 3: ESTABLECER REGLAS Y SEGUIRLAS

Es importante que todas las personas conozcan cómo está organizada su área de trabajo, por tanto, debemos:

- Documentar el método de organización.
- Entrenar a las personas para que sigan los procedimientos.

RESUMEN DEL CAPÍTULO

Al finalizar esta etapa, podrá observar que los nuevos beneficios que se suman a los obtenidos durante la fase de selección son:

- Uso más eficiente de recursos, al localizar rápidamente lo que necesita.
- Menos accidentes por contar con ayudas visuales.
- Menos equivocaciones en uso de componentes.

Recuerde que Seiton (Organizar) es:

"Un lugar para cada cosa,
y cada cosa en su lugar."

CAPÍTULO 3

Seiso (Limpiar)

Observe cuidadosamente los suelos, pasillos y equipos existentes en su área de trabajo. Alguna vez se ha preguntado:

¿Cuánto polvo, suciedad o aceite se puede encontrar?
¿Y qué tal en focos, lámparas, ventanas o detrás de estanterías y escritorios?

Mantener limpios nuestros equipos e instalaciones nos ayuda a conservarlos en buenas condiciones; con ello podemos obtener un mejor aprovechamiento de los recursos con que contamos.

PROCESO DE LIMPIEZA

Estos son los pasos que debemos seguir para limpiar y mantener un área de trabajo siempre en buenas condiciones.

Para empezar, debemos preguntarnos:

¿Qué debemos limpiar?

Área de trabajo	Almacenes de materia prima, producto terminado, producto en proceso, componentes de repuesto, etc.
Equipo	Maquinaria, herramientas, equipo de prueba, etc.
Área de uso común	Pasillos, techos, paredes, ventanas, baños, comedores, lámparas, etc.

Una buena manera de organizar las actividades de limpieza es dibujar un mapa de toda el área de trabajo, que esté dividida en zonas más fáciles de manejar, y colocar una copia a la entrada de cada zona.

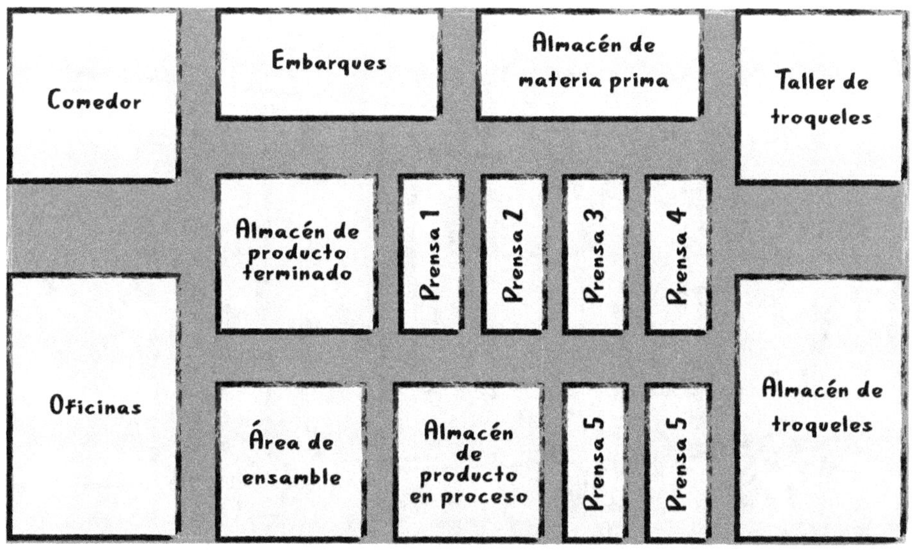

Se debe definir qué es lo que se requiere limpiar, con qué frecuencia, cómo se debe llevar a cabo y asignar responsables de las actividades de limpieza.

Una vez recabada esta información, podemos documentar nuestro programa de limpieza.

PROGRAMA DE LIMPIEZA

Área	Artículos	Responsable	Turno	Frecuencia
	Suelos	J. Ramírez	1ero.	Diario
Prensa	Prensa	M. Suárez	2do.	Semanal
#1	Lámparas	H. Sánchez	3ero.	Semanal
	Transportador	J. Hernández	2do.	Diario

Al asignar las actividades de limpieza, tenga en cuenta que mantener el área de trabajo limpia es responsabilidad de las personas que en ella trabajan.

Una vez que hemos definido qué es lo que vamos a limpiar, cuándo y quién lo va a hacer, solo falta establecer cómo vamos a realizar esta actividad.

▶ Haga una lista cada una de las actividades de limpieza a realizar.

> **ACTIVIDADES**
> 1. Limpiar empacadora.
> 2. Enjuagar tazones.
> 3. Lavar transportador.
> 4. Barrer suelos.

▶ Haga una lista los artículos y equipos de limpieza que se necesitan.

▶ Determine un procedimiento de limpieza.

> **ARTÍCULOS DE LIMPIEZA**
> 1. Detergente.
> 2. Manguera.
> 3. Trapos.
> 4. Escoba.

> **PROCEDIMIENTO DE LIMPIEZA**
>
> 1. Retirar guardas.
> 2. Eliminar restos de vidrio.
> 3. Enjuagar las válvulas con agua.
> 4. Colocar guardas.

PASO 3: CREAR DISCIPLINA

Todos los esfuerzos invertidos hasta este momento se pueden venir abajo si no somos disciplinados y logramos hacer que las actividades, que definimos en nuestro proyecto de 5'S, se lleven a cabo día a día.

Al implementar el programa de limpieza es importante no olvidar dar el entrenamiento adecuado, y proporcionar la comunicación suficiente para que todo el personal involucrado en la operación entienda el qué, por qué, para qué y cómo, de las actividades de limpieza.

Comunicar

Una manera de favorecer que la limpieza se convierta en un hábito es informar al personal de cada área de trabajo qué es lo que se espera de cada uno de ellos.

Para lograr esto podemos colocar sobre un pizarrón y en un lugar visible, el mapa de nuestra área de trabajo acompañado por el programa de limpieza y el manual de procedimientos de limpieza.

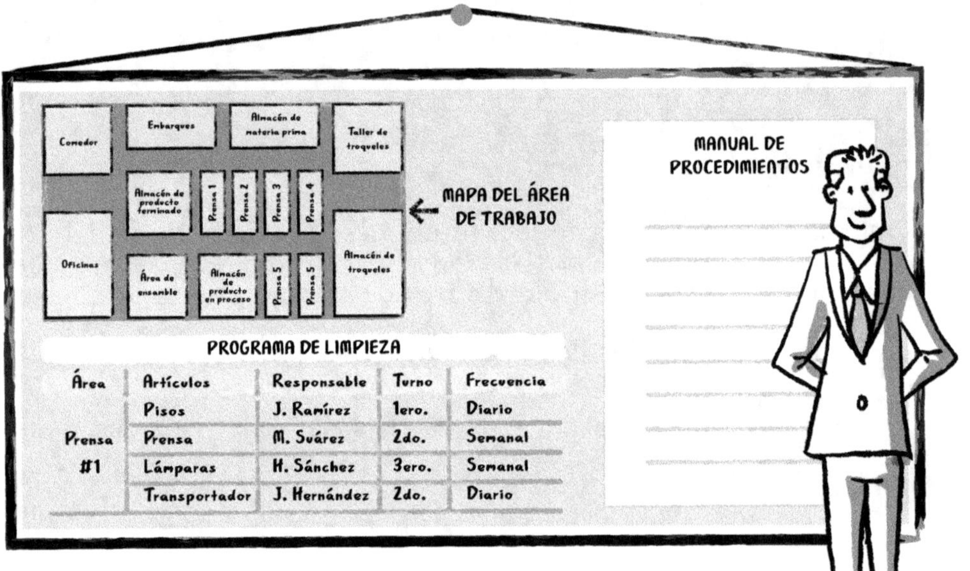

PROGRAMA DE LIMPIEZA

Área	Artículos	Responsable	Turno	Frecuencia
	Pisos	J. Ramírez	1ero.	Diario
Prensa #1	Prensa	M. Suárez	2do.	Semanal
	Lámparas	H. Sánchez	3ero.	Semanal
	Transportador	J. Hernández	2do.	Diario

Entrenamiento

A través del entrenamiento también debemos asegurarnos de que los detalles específicos de los procedimientos de limpieza hayan sido bien entendidos.

Además de estas actividades, la herramienta más poderosa es el seguimiento.

Hay que verificar que las actividades programadas se lleven a cabo y eliminar las barreras que obstaculicen el progreso.

RESUMEN DEL CAPÍTULO

Trabajar en un lugar donde la limpieza es una norma de conducta nos proporciona ventajas como:

- Ampliar la vida útil de las herramientas, los equipos y la maquinaria.
- Reducción de interrupciones por fallos en los equipos y la maquinaria.
- Menor índice de accidentes.
- Mejor ambiente de trabajo.

Recuerde que para Seiso (Limpiar) debemos comprender que:

CAPÍTULO 4

Seiketsu (Estandarizar)

Cuántas veces hemos dejado nuestro trabajo y todo luce impecable al terminar el día; sin embargo, al día siguiente nos encontramos con una desagradable sorpresa.

Todo el esfuerzo invertido y los resultados obtenidos hasta este momento pueden venirse abajo si no somos disciplinados y no logramos hacer un hábito de las actividades definidas en nuestro proyecto de las 5'S.

Es lograr que los procedimientos, las prácticas y las actividades se ejecuten consistente y regularmente para asegurar que la selección, organización y limpieza sean mantenidas en las áreas de trabajo.

Básicamente, hay dos pasos que tenemos que seguir:

PASO 1: INTEGRAR LAS ACTIVIDADES DE LAS 5'S EN EL TRABAJO REGULAR

Existen diversas maneras mediante las cuales podemos integrar las actividades de las 5'S en nuestras prácticas rutinarias de trabajo.

- Estableciendo procedimientos. Hay que documentar las actividades que estamos estableciendo e integrar estos procedimientos a nuestros sistemas de trabajo.

- Implementando auditorías de revisión. Hay que verificar que se mantengan los resultados en las áreas de trabajo donde se implementaron las primeras 3'S. Para implementar en forma adecuada un programa de auditorías de las 5'S, se recomienda:

▶ Formar un grupo pequeño de auditores.

▶ Generar una lista de verificación para determinar el grado de cumplimiento en cada área de trabajo.

▶ Desarrollar un programa de auditorías. Se recomienda una auditoría mensual por área.

> " Lo que no se mide, no se puede controlar, y lo que no se puede controlar, no se puede mejorar."

Hay que utilizar los resultados de las auditorías para evaluar cuantitativamente el nivel de implementación del programa de las 5'S en cada área de trabajo.

Se recomienda agregar una columna de evaluación a la lista de verificación para que, de acuerdo al criterio definido, se califique el grado de cumplimiento alcanzado en el elemento específico que se está evaluando.

Elemento	#	Criterio	1	2	3	4	5
Organizar	1	Existen letreros para identificar las diferentes áreas y sub-áreas.				X	
	2	Se encuentran delimitadas las áreas de trabajo, maquinaria y equipo.			X		
	3	Todos los estantes y artículos almacenados están claramente identificados.		X			
	4	Existen identificaciones visibles de límites máximos y mínimos de cantidades a almacenar.	X				

No olvide que debe hacer una gráfica con los resultados de las auditorías de cada área.

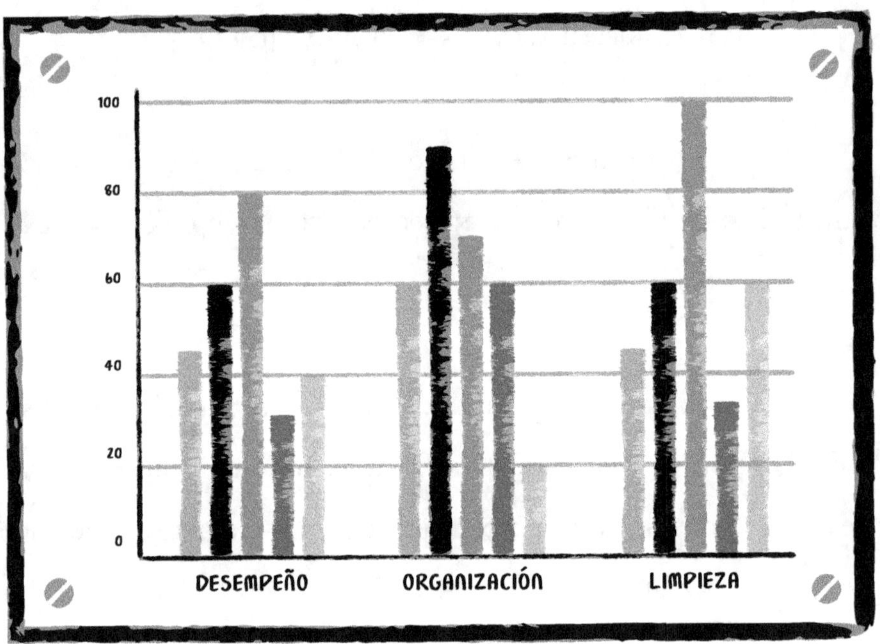

PREVENCIÓN

La mejor manera de mantener los resultados obtenidos, es tomando medidas preventivas en cada una de las primeras 3'S.

- **SELECCIONAR.** Hay que encontrar métodos para evitar la acumulación de objetos innecesarios. La clave para lograr esto es controlar el acceso de los artículos que entran a su área de trabajo.

- **ORGANIZAR.** Hay que evitar colocar artículos en un lugar equivocado. Esto implica eliminar la necesidad de retornar un artículo a su lugar de origen.

- **LIMPIAR.** Hay que evitar que nuestras áreas de trabajo se ensucien y la clave para lograrlo es contener o de ser posible eliminar la fuente donde se genera la suciedad.

RESUMEN DEL CAPÍTULO

El gran beneficio que se obtiene al estandarizar nuestras actividades es lograr que en nuestras áreas de trabajo se mantengan los resultados obtenidos con las tres anteriores "S".

Recuerde que Seiketsu (Estandarizar) es:

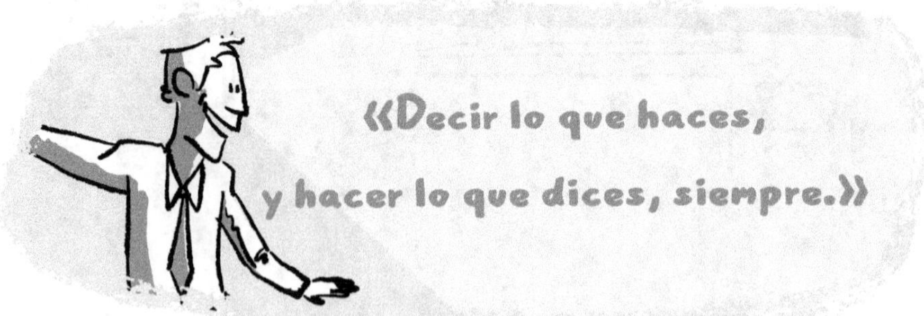

CAPÍTULO 5

Shitsuke (Seguimiento)

Una de las herramientas más poderosas con que cuenta la gerencia de un empresa es, definitivamente, verificar que se estén llevando a cabo las actividades que planeó.

Esta verificación permite oportunamente eliminar en el camino cualquier barrera que se interponga a la obtención de los resultados esperados y, sobre todo, proporcionar a la organización la dirección adecuada para alcanzar sus metas; en otras palabras, permite dar seguimiento.

Para crear cultura en nuestra organización todos debemos participar activamente. Todas las personas que colaboran en nuestra área de trabajo deben:

Para que las personas conozcan lo que son las 5'S debemos:

- Entrenar en las 5'S a todo el personal de la empresa, y hacer que este curso sea un requerimiento básico en el programa de capacitación para personal de nuevo ingreso.
- Difundir el programa de las 5'S utilizando:

▶ Pósters.

▶ Eslóganes.

▶ Folletos.

Para fomentar la participación entusiasta de las personas en el programa de las 5'S debemos:

- Crear programas de reconocimiento.
- Dar ejemplo con la participación de la administración en proyectos o en campañas de las 5'S.
- Formar equipos para implementar proyectos de las 5'S en las áreas de trabajo.

Para asegurar que cada persona que participa en los proyectos de 5'S cuenta con los recursos que necesita para trabajar en su proyecto, se debe:

- Definir y dar a conocer la estructura organizacional que soporta a los equipos.
- Crear canales de comunicación entre la gerencia y los equipos que trabajan en proyectos de 5'S.

▶ Presentación de proyectos por parte de los equipos a las gerencias.

▶ Reuniones periódicas de seguimiento entre gerencias de departamento y los líderes de los equipos.

Es importante no pasar por alto el seguimiento que se le debe dar a los proyectos para evitar que sean solamente iniciativas fugaces, sin permanencia en la organización.

Para lograr esto, es fundamental el compromiso de la dirección así como los mecanismos que se instrumenten para proporcionar el conocimiento en las 5'S. Promover su aplicación a través de programas que motiven al personal a participar en forma entusiasta y asignar los recursos que se necesiten para su aplicación, son las bases sobre las cuales se construye un programa exitoso de 5'S.

Recuerde que para Shitsuke (Seguimiento) debemos comprender que:

CAPÍTULO 6

Administración del proyecto

Una vez que ya conocemos el significado de cada una de las 5'S, solo nos falta ponerlas en práctica.

¿Cómo empezamos?

Estos son los pasos que le sugerimos para implementar un proyecto de 5'S en su área de trabajo.

En este tipo de proyectos se recomienda el trabajo en equipo, ya que además de favorecer las relaciones humanas, promueve la creatividad y permite que las actividades se compartan entre varias personas.

Se sugiere formar equipos naturales, es decir, que los miembros sean compañeros de la misma área de trabajo.

REGISTRO DE PROYECTOS DE 5'S

Nombre del equipo:	Hombres de negro
Área:	Laboratorio de pruebas

Nombre	Rol
Luis Socconini	Líder
Marco Barrantes	Miembro
Marcela Rodríguez	Miembro
Lorena Espinosa	Miembro
Sergio García	Miembro
	Miembro
	Miembro
	Miembro
	Miembro

Rubén Cárdenas	Facilitador

Fecha:	28 de diciembre 2022

También es importante que el equipo designe a un líder que, además de una participación activa como el resto de los miembros, asuma la responsabilidad y compromiso de:

* Coordinar las reuniones de trabajo.
* Representar al equipo en las reuniones de seguimiento con el facilitador.
* Documentar los resultados.

AGENDA DEL EQUIPO

Objetivos:

1. Definir fechas y logística para recibir capacitación en las 5'S
2. Conseguir material para la etapa de preparación.
3

Logística:

Fecha:	3 de enero de 2023
Hora:	12:30
Lugar:	Sala Tarascos
Traer:	Propuestas de fechas

Miembros:

1	Luis Socconini	(Líder)
2	Marco Barrantes	(Moderador)
3	Marcela Rodríguez	(Secretario)
4	Lorena Espinosa	
5	Sergio García	
6		
7		
8		

Acuerdos

Actividad	Responsables	Fechas

Por otro lado, el rol de facilitador es igual de importante; generalmente es una persona que tiene más autoridad dentro de la organización y que no participa activamente con los equipos de trabajo, sin embargo, se encarga de:

- Suministrar recursos al equipo.
- Eliminar barreras que se interpongan al equipo.
- Dar seguimiento al desempeño del equipo.

Es muy importante que los participantes conozcan técnicas de trabajo en equipo para lograr una mejor integración y, por supuesto, entender en qué consiste el sistema de las 5'S.

- Trabajo en equipo.

▶ Integración de equipos.

▶ Técnicas para toma de decisiones en grupo.

- Sistema de las 5'S.

Este paso se divide en las siguientes etapas:

Etapa de preparación

Antes de empezar con la identificación de las áreas de oportunidad, se recomienda que el equipo:

- Tome fotos de su área de trabajo al inicio y al final del proyecto para evaluar el cambio que generaron.
- Identifique el área de cuarentena (para almacenar ahí los objetos innecesarios).
- Prepare suficientes tarjetas rojas para identificar los objetos innecesarios.
- Consiga tarjetas amarillas o etiquetas autoadhesivas o pósits para anotar las ideas que puedan generar mejoras en el área.

Etapa de detección de áreas de oportunidad

Este es el momento en que los miembros del equipo identifican en su área de trabajo actividades de:

- Selección (colocar tarjetas rojas).

TARJETA ROJA			
Fecha	08/01/2023	**Folio**	136
Descripción	Computadora personal (GDL1QC014)		
Responsable	Sergio García		
Fecha	08/01/2023	**Folio**	136
Descripción	Computadora personal (GDL1QC014)		
CATEGORÍA			
Accesorios o herramientas			
Cubetas, recipientes			
Equipo de oficina		X	
Instrumentos de medición			
Librería, papelería			
Maquinaria			
Materia prima			
Material de empaque			
Producto terminado			
Producto en proceso			
Refacciones			
Otro (especifique)			
RAZÓN			
Contaminante			
Defectuoso			
Descompuesto			
Desperdicio			
No se necesita		X	
No se necesita pronto			
Uso desconocido			
Otro (especifique)			
Responsable	*Rubén Cárdenas*		
Fecha decisión	*15/01/2023*		
Destino final			
Fecha			

- Organización (anotar las ideas en pósits).

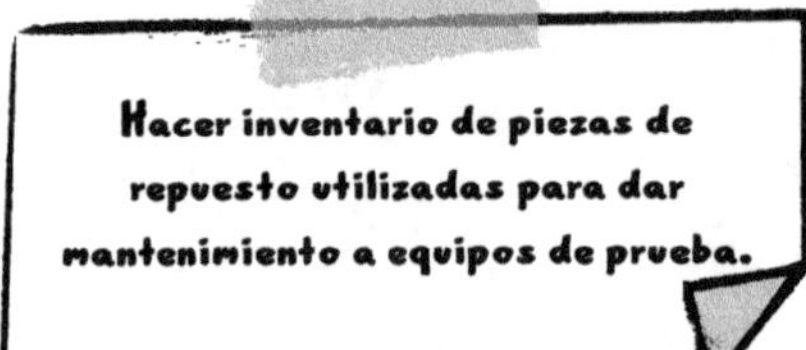

- Limpieza (anotar las ideas en pósits).

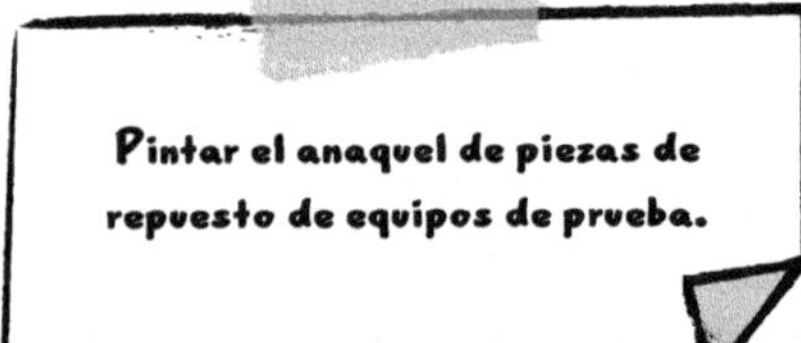

- Mejora (anotar las ideas en tarjetas anaranjadas o en pósits).

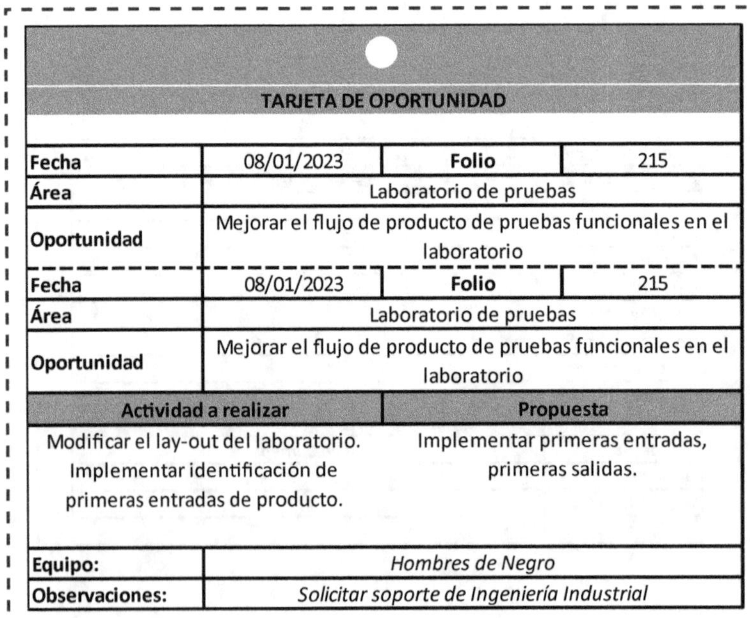

TARJETA DE OPORTUNIDAD			
Fecha	08/01/2023	Folio	215
Área	Laboratorio de pruebas		
Oportunidad	Mejorar el flujo de producto de pruebas funcionales en el laboratorio		
Fecha	08/01/2023	Folio	215
Área	Laboratorio de pruebas		
Oportunidad	Mejorar el flujo de producto de pruebas funcionales en el laboratorio		
Actividad a realizar		Propuesta	
Modificar el lay-out del laboratorio. Implementar identificación de primeras entradas de producto.		Implementar primeras entradas, primeras salidas.	
Equipo:	Hombres de Negro		
Observaciones:	Solicitar soporte de Ingeniería Industrial		

Etapa de generación del reporte de actividades

Lo primero que se sugiere al equipo es que anote en un pizarrón las ideas y actividades identificadas para:

- Eliminar las que se repitan.
- Clarificar las que estén confusas.
- Clasificarlas en actividades de selección, organización, limpieza o mejora, de acuerdo a la categoría a la que pertenezcan.

A continuación, las actividades deben organizarse de acuerdo al tiempo que el equipo considere necesario para llevarlas a cabo.

- **TIPO** A   Corto plazo (1 a 2 semanas).
- **TIPO** B   Mediano plazo (3 a 4 semanas).
- **TIPO** C   Largo plazo (1 a 2 meses).

Con esta información el equipo ya está listo para generar un reporte de actividades de las primeras 3'S.

REPORTE DE ACTIVIDADES DE LAS 5´S				
Nombre del equipo:	Hombres de Negro			
Área:	Laboratorio de pruebas			
Folio	**Actividad**	**Categoría**	**Plazo**	**Estatus**
136	Dar disposición a computadora.	Selección	B	
N/A	Hacer Inventario de piezas de repuesto utilizadas para dar mantenimiento a equipos de prueba.	Organización	B	
N/A	Etiquetar patrones para calibrar equipos de prueba.	Organización	A	
N/A	Pintar el anaquel para piezas de repuesto de equipos de prueba.	Limpieza	B	
N/A	Limpiar polvo de computadoras y parte trasera de mesas de trabajo.	Limpieza	A	
215	Modificar el lay-out del laboratorio e implementar identificación de primeras entradas de producto.	Mejora	C	

Categoría: Selección, Organización, Limpieza, Mejora.
Plazo: A (Corto), B (Mediano), C (Largo).

Se recomienda pegar esta hoja en el área de trabajo para tener presentes y a la vista las actividades a realizar.

A continuación, debemos llevar a cabo las actividades que tenemos programadas.

En este tipo de actividades iniciales definidas en nuestro proyecto de las 5'S, las que son *selección y organización* generalmente se realizan una sola vez; sin embargo, las actividades de *limpieza* deben llevarse a cabo periódicamente.

En esta etapa es conveniente identificar las actividades de limpieza y clasificarlas de acuerdo a la frecuencia con que deben realizarse: diaria, semanal o mensual; así como documentarlas en procedimientos para generar un *programa de limpieza*.

PROGRAMA DE LIMPIEZA

Lugar de trabajo: *Laboratorio de pruebas*

Área	Subárea	Responsable	Turno	Frecuencia
	Suelos	*Sergio García*	*1*	*Diaria*
	PC	*Luis Socconini*	*2*	*Semanal*
Uso común	*Lámparas*	*Marco Barrantes*	*3*	*Quincenal*
	Anaqueles	*Luis Socconini*	*2*	*Quincenal*
	Escritorio	*Sergio García*	*1*	*Diaria*
	Mesa de coordenadas	*Marcela Rodríguez*	*2*	*Semanal*
	Viscosímetro	*Lorena Espinosa*	*3*	*Diaria*
Metrología	*Torquímetro*	*Sergio García*	*1*	*Diaria*
	Básculas	*Marcela Rodríguez*	*2*	*Semanal*

Al completar al menos el 80 % de las actividades que teníamos programadas es recomendable volver a tomar fotos de nuestra área de trabajo; debemos procurar usar como referencia las fotos que tomamos al inicio del proyecto y tratar de reflejar las mismas posiciones y ángulos, de esta manera las mejoras alcanzadas serán más evidentes.

Hay que preparar una presentación con un resumen de las actividades que realizó el equipo, los resultados alcanzados y los beneficios obtenidos en el área de trabajo.

El facilitador debe procurar que cuando el equipo haga su presentación, asistan las personas con mayor jerarquía en la empresa; esto estimula a los miembros del equipo y fortalece el mensaje a los empleados de contar con el compromiso y la participación activa de la administración de la empresa en la iniciativa de las 5'S.

PASO 6: HACER AUDITORÍAS DE SEGUIMIENTO

Aun cuando el proyecto no está totalmente terminado, es tiempo de incluir nuestra área de trabajo en el programa de auditorías.

AUDITORÍA DE LAS 5'S

Lugar de trabajo:	Laboratorio de pruebas				
Auditor:	Carlos Martínez			Fecha:	07/05/2023

5'S	Descripción a evaluar	Puntuación				
		1	2	3	4	5
Seleccionar	1. ¿Se encuentra completa la herramienta necesaria?			X		
	2. ¿Se encuentra solamente el material que necesita?		X			
	3. ¿Está correctamente separado el material y equipo que necesita?		X			
Organizar	4. ¿Se encuentra un lugar para cada cosa, y cada cosa en su lugar?			X		
	5. ¿Se encuentran delimitados los lugares de trabajo con cinta o algún otro medio?				X	
	6. ¿Se encuentra el nombre de cada pieza o herramienta en su lugar?			X		
Limpiar	7. ¿Se encuentra el área sin papeles u objetos tirados en el suelo?			X		
	8. ¿El mobiliario de trabajo se encuentra en buen estado y limpio?				X	
	9. ¿El material que se utiliza para el trabajo se encuentra limpio y en buen estado?			X		
Estandarizar	10. ¿Existen procedimientos relacionados con mantener las 5'S en el área de trabajo?		X			
	11. ¿Hay evidencia de ejecución de los procedimientos relacionados con las 5'S?		X			
	12. ¿Se encuentran en el área el lay-out o fotos que indiquen el estándar de trabajo?		X			
Seguimiento	13. ¿Cada miembro del equipo de trabajo cumple con las cuatro reglas anteriores?			X		
	14. ¿El cumplimiento de las 5'S se encuentra en constante mejora?			X		
	15. ¿Todos a quienes se pregunta, conocen en qué consisten las 5'S?				X	
	TOTAL	0	10	21	12	0

(1) Deficiente. No se hizo nada en este concepto.
(2) Regular. Indicios de que falta trabajar con mayor esfuerzo.
(3) Bien. Existen áreas o aspectos por mejorar.
(4) Muy bien. Con alguna señal de no estar 100 % terminado.
(5) Excelente. Se cumple con los estándares establecidos para las 5'S.

Resultado: **57%**
(Suma total/75) x 100

Para esto, previamente se deben llevar a cabo en la empresa las actividades mencionadas en la etapa de estandarización (capítulo 4), concernientes a la implementación de auditorías de seguimiento.

Al inicio del proyecto se recomienda programar auditorías semanales o quincenales en el área de trabajo, y conforme se vayan obteniendo mejores resultados, la frecuencia se puede ir reduciendo gradualmente.

PASO 7: REVISAR LOS RESULTADOS

Cada equipo debe tener en su área de trabajo, en un lugar visible, los resultados obtenidos en las auditorías de seguimiento, así como sus programas de actividades y de limpieza y, de ser posible, fotos que indiquen cómo debe lucir su área de trabajo.

Tener esta información le facilitará al equipo continuar con la administración de su proyecto y detectar qué actividades nuevas necesita implementar como resultado de la retroalimentación recibida de las auditorías de seguimiento, o de su creatividad para continuar con el proceso de mejora continua en su área de trabajo.

Paradigmas

Existen paradigmas habituales para que las 5'S no se desarrollen con éxito en las empresas. Considere que probablemente tenga que enfrentar a algunos:

PARADIGMAS DE LA DIRECCIÓN

1. Los equipos de producción no deben parar

La administración, ante presiones de entrega de productos, no acepta fácilmente que un área de trabajo es más productiva cuando se mantiene impecable, en orden y limpia. Se considera que la limpieza es una labor que consume tiempo productivo, pero no se aprecia el beneficio que se obtiene al eliminar las causas de averías, como el polvo, la lubricación en exceso y las fuentes de contaminación.

2. El personal no cuida las cosas

Es seguro que el personal apreciará los beneficios, ya que son ellos los que se ven afectados directamente por la falta de las 5'S.

3. Hay varios pedidos urgentes para perder tiempo limpiando

Es frecuente que el orden y la limpieza se dejen de lado cuando hay que realizar un trabajo urgente. Ocasionalmente es necesario que otras actividades esperen, sin embargo, las actividades de las 5'S se deben ver como una inversión para lograr todos los pedidos para el futuro y no solamente los requerido para el presente.

4. El estado actual es el adecuado. No necesitamos las 5'S

Algunas personas consideran que solo los aspectos visibles y de estética de los equipos son suficientes. Las 5'S sirven para lograr identificar problemas en los equipos, ya que es el contacto del operario con la máquina el que permite identificar averías que se pueden transformar en grandes problemas. La limpieza se debe considerar como una primera etapa en la inspección de mantenimiento preventivo en la planta.

1. Me pagan para trabajar no para limpiar

A veces, el personal acepta la suciedad como condición inevitable de su espacio de trabajo. La persona no se da cuenta del efecto negativo que un puesto de trabajo sucio tiene sobre su propia seguridad, en la calidad de su trabajo y en la productividad de la empresa.

2. No veo la necesidad de aplicar las 5'S

Puede ser muy difícil implantar las 5'S en empresas que son muy eficientes o muy limpias. Sin embargo, no todo tiene que ver con la eliminación de polvo o contaminación. Las 5'S ayudan a mejorar el control visual de los equipos, la seguridad para las personas que operan las máquinas y la participación activa del personal.

Trend Technologies

PLANTA DE GUADALAJARA SUR

Descripción de la empresa

En el año 2000, se fundó en Guadalajara (Jalisco, México) una planta de ensambles mecánicos de la compañía Trend Technologies, Inc., dedicada principalmente a la fabricación y comercialización de componentes estampados para la industria electrónica. En el ámbito regional tiene una fuerte presencia y vende sus productos a las principales empresas maquiladoras, entre las que destacan Flextronics, Solectron, Jabil y Sanmina.

Trend Technologies cuenta con procesos de diseño y fabricación de moldes y troqueles, inyección de partes plásticas, troquelado de partes metálicas, ensambles mecánicos y pintura electrostática. Esto le permite ofrecer a sus clientes soluciones integrales para el desarrollo de nuevos productos en periodos relativamente cortos.

Antecedentes

En 1999 la planta inició sus operaciones como Cowden Metal. Sus instalaciones fueron edificadas sobre una superficie de 14 000 m² con tecnología punta para asegurar la producción de componentes metálicos con la calidad que demandan los estándares de la industria electrónica.

En el año 2003 Trend Technologies compra Cowden Metal de Guadalajara para añadir la operación de estampado de componentes metálicos a su operación de inyección de plástico. Esta maniobra estratégica la posiciona como una de las pocas empresas de la región con capacidad de ofrecer soluciones integrales para el ensamble de artículos electrónicos a las grandes maquiladoras asentadas en la zona metropolitana de Guadalajara.

Problemática

Trend Technologies planta Guadalajara, para incrementar sus ventas y como resultado de su plan estratégico, decide incursionar en el mercado automotriz con el objetivo de aumentar su cartera de clientes.

Para poder ser proveedor directo o indirecto de la mayoría, sino es que de todas las fábricas de automóviles en México, se requiere estar certificado bajo el estándar ISO/TS 16949, que establece los requerimientos de un sistema de administración de calidad para el diseño, el desarrollo y la producción de productos y servicios relacionados con la industria automotriz. Por lo tanto, certificar su sistema de calidad bajo el estándar ISO/TS 16949 se convierte en una prioridad para Trend Technologies.

Además de la incursión en nuevos mercados, la organización sabe que requiere ser más productiva y disminuir sus costos, por lo que decide implementar un sistema de manufactura esbelta bajo la filosofía Lean Manufacturing.

Para apoyar ambas iniciativas Trend Technologies se da cuenta que primero necesita mejorar la organización, limpieza, seguridad y disciplina de sus áreas de trabajo. Debido a esto, decide implementar las 5'S en su planta de manufactura.

Proyecto de las 5'S

Los objetivos que busca la organización con este proyecto son: mejorar la organización, seguridad y limpieza de sus áreas de trabajo, incrementar su productividad, mejorar su calidad, reducir su desperdicio, identificar fácilmente sus problemas de operación, así como facilitar el acceso y la devolución de artículos entre las áreas productivas y sus almacenes.

Trend Technologies bautizó a su proyecto como SOLES por las iniciales de las palabras:

- Seleccionar.
- Organizar.
- Limpiar.
- Estandarizar.
- Sostener.

Para empezar, se integró un equipo formado por los gerentes de los diferentes departamentos para definir el plan a seguir para la implementación de las 5'S. Se designó al gerente de calidad para impartir charlas a todo el personal de la organización acerca del propósito y contenido del programa SOLES. Estas primeras charlas ayudaron a comprender los conceptos básicos del programa y a comunicar la importancia que este programa tenía para la organización, permitiendo crear la conciencia necesaria para que su personal se convenciera en aceptar un cambio en la forma de hacer su trabajo.

Las etapas de selección, organización y limpieza se implementaron con la entusiasta participación de todos los miembros de la organización.

El sostenimiento, comúnmente la etapa más difícil de lograr al implementar el programa de las 5'S, se ha conseguido relativamente rápido en Trend gracias a la participación activa de la dirección y las gerencias, que han incluido la revisión del estado que guardan sus áreas de trabajo como parte de sus recorridos diarios de rutina por la planta, toman acciones inmediatas para corregir desviaciones y retroalimentan directamente a su personal. Estas actividades han contribuido definitivamente a que el orden, la limpieza y la disciplina hayan quedado establecidos como rutinas de trabajo en la compañía.

Resultados

Trend Technologies consiguió certificar su sistema de calidad bajo el estándar ISO/TS 16949 y actualmente manufactura componentes para proveedores directos de fábricas ensambladoras de la industria automotriz.

Como parte de la estrategia para desarrollar un sistema de manufactura esbelta (Lean Manufacturing), se implementó el uso de tarjetas *kanban,* con lo que se ha podido disminuir considerablemente los inventarios de materia prima, de producto en proceso y de producto terminado.

Actualmente, la compañía está buscando implementar un programa Six Sigma bajo la metodología DMAIC. La finalidad es aplicar herramientas estadísticas y administrativas a fin de mejorar el desempeño de los procesos y productos de la empresa e incrementar la satisfacción de sus clientes.

Reflexiones – conclusiones

El involucramiento y la participación activa de la gerencia ha sido fundamental en la implementación exitosa del programa SOLES. Este programa ha sido la plataforma adecuada para soportar el proceso continuo de mejoramiento de la calidad y la productividad en la empresa.

La visión del director de Trend Technologies ha permitido a la compañía enfrentar en una mejor posición las condiciones actuales de competitividad de los mercados que atiende.

Productos Verde Valle

PLANTA GUADALAJARA

Descripción de la empresa

Productos Verde Valle, S.A. de C.V. es una empresa dedicada al procesamiento, la distribución, la mercadotecnia y la investigación de productos alimenticios saludables, principalmente judías, arroces y otras leguminosas, no cereales y alimentos procesados con valor agregado.

Antecedentes

En 1967 se fundó esta empresa con sede en Guadalajaraa (Jalisco, México); las divisiones de la empresa se localizan en Guadalajara,

Monterrey, Ciudad de México, Tijuana y Dallas, Texas. Verde Valle mantiene una asociación estratégica desde 1996 con la empresa ConAgra Foods.

Proyecto de las 5'S

Productos Verde Valle, dentro de sus estrategias, ha iniciado un proyecto de implementación de las 5'S para mejorar todos sus procesos productivos.

Los objetivos que busca la organización con este proyecto son: apoyar a las buenas prácticas de manufactura, alinear el proyecto a las necesidades de la certificación HACCP (de higiene y seguridad), mejorar sus áreas de trabajo, incrementar su productividad y mejorar su calidad.

El proyecto está encabezado por la gerente de calidad, Ing. Verónica Estrada, quien ha impartido inicialmente cursos de capacitación para todo el personal sobre buenas prácticas de manufactura, así como de la correcta aplicación de las 5'S.

Al principio, este proyecto representó para la empresa un gran reto, que se inició con la sensibilización del personal impartiendo cursos y la generación de un video interno, realizado exclusivamente para dar a conocer el alcance de la implementación y empezar a hacer propia la implementación en cada planta.

Se inició el proyecto escogiendo un área piloto, que fue la de cereales, preocupándose de que la higiene y la calidad fueran la máxima prioridad.

En los pasos de orden y selección se obtuvieron resultados muy positivos, ya que observaron que podían reducir sus inventarios en procesos para tener una fábrica visual y con mejor aprovechamiento de los espacios.

Para realizar este trabajo se formaron cuatro equipos, cada uno con un líder y un firme compromiso de lograr resultados amplios.

Cada equipo recibió el entrenamiento para aplicar las 5'S en sus áreas de trabajo y expresar ideas específicas que se convertirían, en muchos de los casos, en acciones que ayudarían a mejorar el aspecto de sus áreas. Posteriormente, se dieron cuenta de la importancia de no solo trabajar superficialmente, sino encontrar en la limpieza una forma de conocer sus equipos y darles un mejor cuidado.

La fase de la limpieza representa un gran logro; no solo por el hecho de limpiar, sino por la certeza de encontrar problemas ocultos, resaltar cosas importantes a mejorar (por ejemplo, partes mecánicas de los equipos que requieren lubricación, que no se había percibido y que puede mejorarse) y, sobre todo, el hecho de realizar rutinas específicas para los operadores en las que den un mantenimiento sencillo pero muy útil a sus equipos.

En la etapa de estandarización se definieron códigos de colores, así como grosor de las líneas, color de las máquinas y tipo de señalización, tanto de máquinas como de colores de tuberías, según la norma oficial y señalamientos de seguridad.

Este paso fue de gran importancia, ya que otras áreas tomaron la referencia para codificar y dar seguimiento a sucesivas implementaciones.

Resultados

Finalmente, todos estos logros y el proceso completo de la implementación fueron documentados y presentados por cada equipo a la dirección general y a la presidencia de la empresa, quienes dedicaron tiempo para escuchar directamente sus experiencias y expresar, principalmente, los siguientes resultados:

- Mejor desempeño de los procesos en en cuanto a eficiencia y calidad de los mismos.
- Mejor entendimiento y comunicación entre el personal, ya que tuvieron la oportunidad de trabajar en equipo y conocerse mejor.

- Mejor higiene y seguridad en sus procesos.

- Mejor aspecto visual de las instalaciones.

- Apoyo a las prácticas de manufactura.

- Aprecio de los jefes y directivos por una labor valiosa en pro de la empresa.

Luminosos Correa

Descripción de la empresa

Luminosos CORREA es una empresa chilena que fabrica anuncios informativos luminosos y que, dentro de un proceso de mejora continua, dada la implementación de manufactura esbelta (Lean Manufacturing), decidió llevar a la práctica la metodología de las 5'S para mejorar sus procesos.

Antecedentes

Luminosos CORREA es una empresa familiar, con su casa matriz en Chile, en la ciudad de Temuco de la región de la Araucanía. Desde sus inicios, en 1972, se ha dedicado a la fabricación de diversos tipos de letreros informativos y publicitarios. Gracias a los avances tecnológicos y a un constante esfuerzo de capacitación, hoy ofrece con garantía y seguridad, productos y servicios de verdadera calidad.

La empresa está organizada en tres departamentos que constituyen las unidades de negocio: Electrónica, Señalización vial y publicidad y Estructuras metálicas, cada uno encargado de sus procesos productivos, mercadotecnia e innovación y desarrollo (I+D). También cuenta con un departamento de Servicios generales, el cual se encarga del soporte administrativo, financiero y logístico, para cada una de las unidades de negocio.

Problemática

Para el área de Estructuras metálicas se decidió implementar la metodología de las 5'S como un recurso estratégico de mantener el orden, para un seguimiento eficaz de sus pedidos y asegurar al cliente una calidad constante y consistente. El director de esta área, el ingeniero Patricio Correa, pretende impulsar un sistema de calidad basado en ISO 9000 y las 5'S como pilares de una estandarización y actividades diarias que formen una cultura empresarial firme.

La importancia de este proyecto se basa en la seguridad del personal, ya que al tener instalaciones limpias, ordenadas y estandarizadas, lograrían tener una mayor seguridad. Motivo por el cual se estableció como prioridad ese aspecto.

Al inicio se realizó una campaña interna de mercadotecnia; es decir, se promocionó y sensibilizó al personal en esta metodología japonesa que se ha utilizado en muchos países con éxito comprobado. Es así como prepara este proceso para que los empleados conozcan su metodología, desde una comparación con los mejores *(benchmarking)* y resaltar sus resultados, y proponer una manera de adaptar esta herramienta a una cultura diferente, pero comprometida con la mejora.

Dentro de las actividades fundamentales que se llevaron a cabo al inicio del proyecto se encuentra la de registrar las condiciones de las diferentes áreas mediante fotografías digitales, que fueron colocadas en los centros de aviso, pasillos y comedor, para resaltar la situación actual y hacer pensar al personal que esto representaba un punto de partida de una carrera que estaba por comenzar, con una meta llamada las 5'S.

Para llevar a cabo este proyecto se estableció un comité de implementación piloto, formado por el director, cuatro trabajadores, dos mecánicos de mantenimiento y una persona responsable del departamento de recursos humanos. Este equipo se instruyó en las bases de la metodología para su correcta aplicación.

Posteriormente, realizaron exámenes para comprobar que el equipo estaba listo. Una vez comprobado esto, se llevó a cabo el entrenamiento del resto del personal. El personal fue dividido en siete equipos, y sus miembros posteriormente eligieron un nombre y un color para cada equipo. Para simbolizar la competencia, se representó a cada equipo con un caballo del color correspondiente, el cual se pegó sobre una cartulina que estuviera a la vista de todos para simular una carrera de caballos con metas a corto plazo, que serían cada una de las etapas de la implementación, y así monitorear el avance de cada equipo.

Se inició formalmente la carrera con un banderazo de salida dado en forma simbólica por su líder, el ingeniero Correa, quien explicaba el gran entusiasmo que se despertó por este proyecto y que fue y ha sido su principal ingrediente, ya que la motivación hace más de lo que el solo esfuerzo puede lograr.

Al inicio de la implementación se tuvieron experiencias interesantes, ya que al seleccionar lo que servía de lo que no se utilizaba, pudieron reunir tal cantidad de objetos que organizaron un bazar de enseres que eran demasiado grandes y que hacía años que no se utilizaban, obteniendo ganancias inesperadas en ese momento.

En la etapa de ordenamiento, los diferentes equipos quisieron imponer una estrategia para ordenar y hacer muy peculiar su implementación, de tal manera que se diferenciara de las de los otros equipos.

La creatividad fue un factor muy importante y decisivo, ya que la búsqueda implícita de oportunidades de mejora fue también un paso significativo en la implementación de ISO 9000, fue un acierto combinarla para no tener victorias aisladas, ya que tanto las 5'S como el sistema ISO 9000 son los pilares de su cultura.

En la etapa de limpieza los equipos se empezaron a separar, lo que era notorio por los distintos avances, debido a que unas tareas eran más sucias y desordenadas que otras. Por lo tanto, los equipos, al ver que se dispersaban y al sentir que los estaban superando, se veían en una constante competencia que funcionó como un motor para la implementación.

Es importante recalcar que durante la implementación en áreas tan diferentes, había cosas que eran comunes en todas; por ejemplo, tener objetos innecesarios, documentos guardados sin importancia, desperfectos escondidos en la basura por la falta de orden.

Finalmente, esto provocó que los equipos que terminaron sus proyectos y resultaron ganadores se convirtieran en ayuda para sus compañeros que por falta de tiempo, exceso de trabajo y a veces falta de motivación, no habían terminado; además, fomentó el compañerismo y la seriedad con que este proyecto había sido dirigido.

Cada equipo, con la información y fotografías recopiladas durante la implementación, creó una presentación de su experiencia, la cual fue mostrada al director por cada líder de equipo. En esta presentación expresaron sus obstáculos, los logros obtenidos y se recalcó que el sentido de compañerismo y la oportunidad de trabajar en equipo les había permitido conocerse mejor y sentirse más útiles, además de poder aportar ideas y que estas fueran tomadas en cuenta, lo cual había sido de gran valor.

Resultados

Entre los resultados más sobresalientes de la implementación podemos mencionar los siguientes:

- Motivación del personal en su trabajo.
- Más y mejor compañerismo.
- Menos tiempo de búsqueda de herramientas y materiales.
- Mejor seguimiento de los pedidos del cliente.
- Mejor calidad de los productos.

Reflexiones – conclusiones

La participación de la gerencia en la implementación de este proyecto ha sido muy relevante, ya que denota el fuerte compromiso de apoyo y participación; además, el entusiasmo que se ha logrado en el personal ha permitido hacer de esto una experiencia formidable en el logro de las metas de la compañía.

Es importante concluir que esto es solo el inicio de la implementación, el gran reto vendrá cuando se mantenga funcionando y mejorando de manera constante y que en algunos años se vea este resultado solo como el punto inicial que los llevó a mejores logros, y que contribuyó realmente al éxito de la empresa.

Cueros del Fin del Mundo

Cueros del Fin del Mundo es una empresa argentina que fabrica y comercializa artículos de cuero y que está llevando a cabo una transformación del negocio hacia una cultura de calidad y alto desempeño, implementando el sistema de las 5'S en su almacén de refacciones y troqueles, para mantener el orden y el control.

Antecedentes

Cueros del Fin del Mundo, S.A. inició sus operaciones en 1998, en Buenos Aires, Argentina, como una empresa innovadora en la producción de artículos de cuero con impresiones hechas con rayo láser, lo que permite marcar en el cuero diseños especiales de acuerdo a las necesidades del cliente. Cuando inició su actividad contaba con tres trabajadores, pero poco a poco ha crecido y hasta la fecha tiene 25 empleados, los cuales trabajan en distintas áreas: mercadotecnia, ventas, administración, producción y distribución.

Esta empresa se ha desarrollado gracias a la creciente demanda de productos argentinos de cuero y a la distinción de ser una empresa que introduce un grabado realizado con rayos láser, lo que la convierte en la más exitosa en esta tecnología aplicada a la industria del cuero.

Problemática

Con el fin de mantenerse a la vanguardia tecnológica, Cueros del Fin del Mundo, S.A. ha decidido firmemente aplicar la metodología de las 5'S para manejar sus almacenes con mayor orden para dejar de perder herramientas y tener las refacciones necesarias a mano y siempre disponibles.

Anteriormente se tenía el problema de manejar las herramientas sin ningún control y en distintos lugares, con lo que se extraviaban por no devolverlas al almacén. Cuando se necesitaban para reparar una máquina que requería estar produciendo para entregar los pedidos en el plazo fijado, se perdía mucho tiempo buscándolas porque no se tenía un lugar establecido.

Su director y principal accionista, Mariano Posbeyikian, decidió implementar la metodología después de conocerla gracias a un curso recibido sobre su aplicación y beneficios.

El proyecto comenzó con la capacitación de todo el personal de la empresa para sensibilizar sobre sus beneficios y el proceso de aplicación.

Al principio el personal se mostró algo escéptico, ya que al ser una metodología japonesa, creían que sería difícil aplicarla en una empresa argentina; sin embargo, al ver su facilidad de aplicación y el poder de sus resultados, decidieron adoptarla como una solución probada que tendría que ser adaptada a la cultura de la empresa.

Al inicio se determinaron las condiciones actuales de la empresa, por lo que se tomaron fotografías del almacén de refacciones y del taller de reparaciones.

Interior del almacén de refacciones

Algunas fotografías fueron colocadas como avisos en los diferentes centros de reunión para que todos vieran el estado deplorable de orden y limpieza en un lugar tan importante.

El proceso se inició separando todas aquellas refacciones usadas y sin uso, toda la basura y el polvo del área y sacando todo lo que no fueran troqueles, refacciones o materiales de mantenimiento de equipo.

En este proceso hubo muchos problemas, ya que lo que para unos era útil, para otros se consideraba basura; por lo tanto, se designaron dos áreas de cuarentena para mantener por un tiempo limitado a 30 días aquellas cosas que se venderían, o utilizarían si realmente eran necesarias.

En el siguiente paso, denominado "orden", se llevaron a cabo actividades en equipo para ordenar el almacén; en este equipo participó personal de los departamentos de mantenimiento, producción y de calidad, ya que consideraron importante que todos los involucrados en artículos relacionados con su departamento estuvieran presentes en la selección y el ordenamiento para evitar problemas de que algo fuera a ser desechado o guardado sin necesidad.

En la etapa de la limpieza –que ellos denominaron "super-limpieza"–, el objetivo no era solo limpiar, sino hacer que el área luciera impecable. Iniciaron esta etapa pintando paredes, después sellaron el área para que no entrara polvo ni partículas del proceso mismo y recubrieron el piso con pintura epóxica, con lo que lograron que esa área luciera impecable.

Este paso fue crucial para un cambio "total" de aspecto del área y, a partir de ese momento, el concepto de almacén impecable que se quería dar empezó a hacer efecto y el personal lo percibió así, ya que era parte del logro que hasta ese momento habían alcanzado.

El área fue acondicionada con una computadora a la cual se le instaló un programa para llevar el inventario de dicho almacén y contar con un mejor control. Este cambio se debió al interés y profesionalidad con que fue tomada esta etapa, además de que la dirección estaba convencida de que era el momento de invertir para modernizar esa área. Es así como se inició una nueva etapa de renovación en el negocio motivado por el avance y los logros obtenidos hasta ese momento.

En la etapa de estandarización, se busca que todo lo que se ha realizado se empiece a documentar para utilizar los conceptos, colores, tiempos, materiales, etc., como un estándar para ser replicado en las demás áreas que llevarán en un futuro la implementación de las 5'S en su lugar de trabajo, así como también las actividades que se realizarán para mantener estos espacios iguales o, si es posible, mejorarlos.

Para reforzar la etapa de estandarización se establecieron rutinas de actividades muy bien definidas con responsables determinados por el puesto o responsabilidad que tuvieran, para que cualquier persona que ocupara el puesto, supiera exactamente que esa era una responsabilidad y no una actividad personalizada y que si había un cambio de personal por rotación del mismo estas tareas quedarían asignadas específicamente.

Resultados

Los resultados hablan por sí solos, cuando por mencionar algunos, encontramos:

- Control total de los materiales.
- Disminución significativa en costos de almacenaje.
- Disminución de materiales perdidos.
- Rápida respuesta al cliente al elaborar y entregar sus pedidos antes del tiempo límite, ya que se tienen todos los materiales.
- Mayor productividad al utilizar menos material y tiempo en los pedidos.
- Excelente orden y control de los almacenes.

Reflexiones - conclusiones

Finalmente, para llevar esta iniciativa a un fin duradero y hacer de esto un plan piloto que motivara al personal, se empezó a evaluar semanalmente la evolución de la implementación. Quienes evaluaban eran personas escogidas al azar para que todos aprendieran a ubicar y conocieran los aspectos de tener una área limpia y ordenada. Con esta iniciativa cada persona puede analizar los beneficios, además de aportar ideas para el informe de la auditoría y de alguna manera pensar que esta será la primera etapa de una implementación exitosa.

Technicolor Mexicana

PLANTA GUADALAJARA

Descripción de la empresa

Technicolor México, planta Guadalajara, es una empresa perteneciente a la división de soluciones de contenido digital del grupo Thomson. La compañía se dedica principalmente a la fabricación de DVD para la industria del cine. Technicolor México planta Guadalajara es la planta de manufactura de discos ópticos DVD y *Blu-ray* más grande del mundo, reproduce películas para los estudios cinematográficos más importantes, entre los que se encuentran Disney, Dreamworks, Universal, Paramount, Sony, Warner, Lions Gate, etc., así como videojuegos para la línea X-Box de Microsoft.

Las principales ventajas competitivas de la empresa son:

- Empresa manufacturera de discos ópticos más grande del mundo.
- Miembro de una corporación mundial muy sólida.
- Líder en tecnología.
- Líder en desarrollo de mejoras en la producción.
- Procesos de suministros, manufactura y logística muy robustos.
- Empresa fundamentalmente exportadora.
- Certificación IRMA (International Recording Media Association) como un fabricante que cumple con los requisitos de seguridad antipiratería.

Antecedentes

Technicolor México es una organización que nació como el área de discos flexibles de Kodak de México. Con el paso del tiempo y debido a la evolución tecnológica, cambió a la manufactura de discos compactos grabables o CDR. Posteriormente, Kodak y Panasonic deciden crear una alianza estratégica que da como resultado que el área de discos compactos se vuelva una razón social separada de Kodak con lo que se crea Matsushita Media Export. Una de las principales razones de esta alianza era la diversificación de productos, por lo que se tomó la decisión de fabricar discos de vídeo digital o DVD. En esa época se empezó con solo cuatro líneas de producción para manufacturar DVD. Más adelante, el grupo Thomson decidió adquirir para su unidad de negocios Technicolor, el área de Panasonic, que manufacturaba DVD no solo de México sino también para Estados Unidos; con lo que se deshizo la alianza estratégica Kodak - Panasonic y nació Technicolor mexicana.

Actualmente Technicolor México cuenta con más de 1 000 personas empleadas, con un promedio de edad menor a 32 años y una antigüedad de seis meses. La población está compuesta por un 57 % de hombres y un 43 % de mujeres.

Problemática

Technicolor México ha experimentado un crecimiento explosivo en un período muy corto, incrementando en un 3 000 % su capacidad instalada, y la cantidad de empleos generados la llevó a crecer en cantidad de personal más de cuatro veces en solo 19 meses.

Para cumplir su misión de "Proveer a sus clientes discos ópticos rápido, libres de defectos al costo más bajo del mundo", la dirección de Technicolor definió como una de sus estrategias el "liderazgo en calidad". Esta estrategia consiste en desarrollar sistemas de manufactura a prueba de fallos, que aseguren el cumplimiento de los requerimientos del cliente; para lograr esto la compañía definió un plan compuesto por los siguientes elementos:

1. El entendimiento e incorporación de los requerimientos del cliente a nuestros procesos.
2. El conocimiento detallado de nuestros procesos.
3. La identificación de los modos de fallo del producto y de los procesos.
4. El desarrollo de sistemas de control.
5. La elaboración de procedimientos prácticos de operación.
6. El entrenamiento, la capacitación continua y el registro del desempeño del personal.
7. La verificación permanente del estado que guarda nuestro sistema de calidad, nuestros procesos y nuestros productos.
8. La aplicación de un sistema que asegure la implementación de cambios controlados.
9. El uso de los sistemas de acciones preventivas, correctivas y de mejora.
10. La certificación de los sistemas de calidad y ambiental.
11. El fortalecimiento permanente de nuestra cultura de calidad.

El principal proyecto para fortalecer permanentemente su cultura de calidad (punto número once de la estrategia de liderazgo en calidad) es implementar un programa de las 5'S.

Programa de las 5'S

El objetivo del proyecto es:

Implementar las 5'S en todas las áreas de producción.

El propósito de implementar el programa de las 5'S en Technicolor es que sus áreas de trabajo alcancen las siguientes características:

1. Estar ordenadas y limpias.
2. Ser eficientes.
3. Ofrecer un aspecto profesional.

A continuación se explica detalladamente qué significa para la compañía alcanzar cada una de estas características:

Áreas de trabajo ordenadas y limpias

- Crear las condiciones para tener un lugar de trabajo agradable que contribuya a mejorar la satisfacción y el nivel de calidad de vida de nuestros empleados.

Áreas de trabajo eficientes

- Eliminar despilfarros producidos por el desorden, la falta de aseo, las fugas, la contaminación, etc., para mejorar el ambiente de trabajo.

- Mejorar la disciplina en el cumplimiento de estándares, con la participación de nuestro personal en la elaboración de sus propios procedimientos de organización y limpieza de su área de trabajo.

- Usar controles visuales para mantener ordenados los elementos y las herramientas que intervienen en el proceso productivo.

- Conservar el área de trabajo y los recursos de la compañía en el mejor estado posible, mediante el mantenimiento de las mejoras alcanzadas con la aplicación de las primeras 3'S.

Áreas de trabajo profesionales

- Uno de los principales propósitos al implementar las 5'S es que nuestra fábrica esté siempre impecable, que luzca como una sala de exhibición para mostrarle a las personas que nos visitan dónde y cómo hacemos nuestros productos. Sabemos que la gente que conoce cómo llevamos a cabo nuestras operaciones confía más en nosotros. Gracias a esta confianza se fortalecen nuestras relaciones y, como consecuencia de esto, se incrementan nuestras oportunidades de negocio.

Para implementar el programa de las 5'S en Technicolor se creó un equipo de trabajo formado por personas representantes de los diferentes departamentos de la compañía, y como patrocinador del equipo está la dirección general de la compañía.

Para facilitar el trabajo del equipo, adquirir experiencia paulatinamente y obtener resultados a corto plazo, se decidió empezar por implementar las 5'S solamente en una sección de las ocho que conforman el área de producción.

A continuación se describe el plan de trabajo definido por Technicolor:

1. Formación del equipo de trabajo.
2. Entrenamiento en la metodología de las 5'S.
3. Identificación de oportunidades.
4. Estandarización.
5. Proceso de auditorías.
6. Revisión de resultados.
7. Plan de implementación general en toda la planta.

Resultados

El proyecto de las 5'S ha contribuido junto con otros proyectos a obtener resultados extraordinarios en la sección del área de producción donde se están implementando los proyectos de mejora. La mejor eficiencia en la ejecución de las operaciones se ha visto impactada en parte gracias a que:

- Los operadores cuentan con mejores herramientas para realizar sus operaciones.
- No se pierde tiempo buscando herramientas y materiales.
- El área de trabajo es más agradable y segura.
- El personal está más motivado y comprometido.

(Páginas siguientes: imágenes cedidas por Planta Technicolor Mexicana.)

Líneas de replicado de discos ópticos DVD.

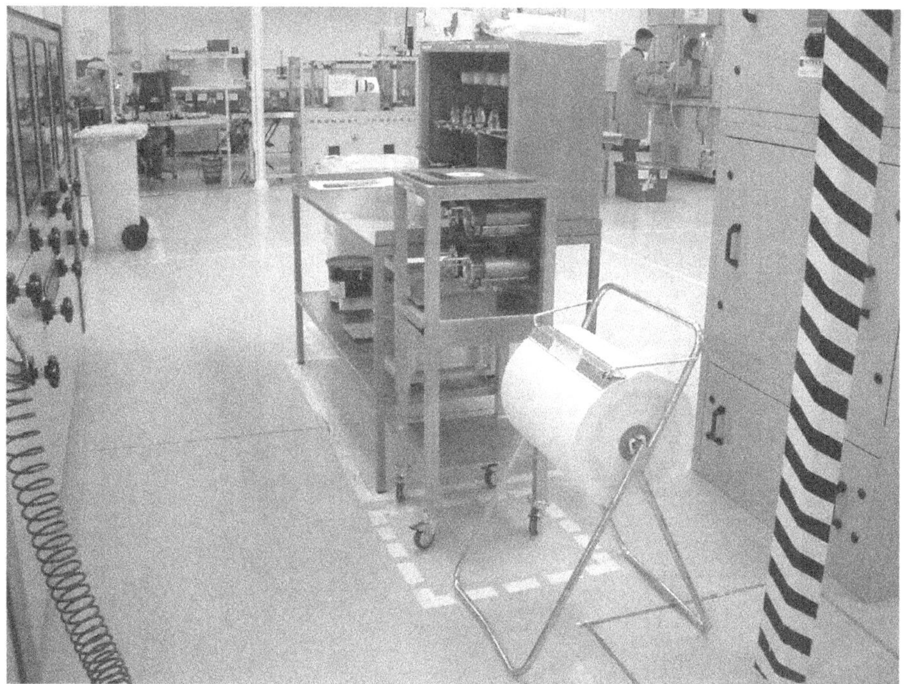

Disposición de los suministros en el área de producción.

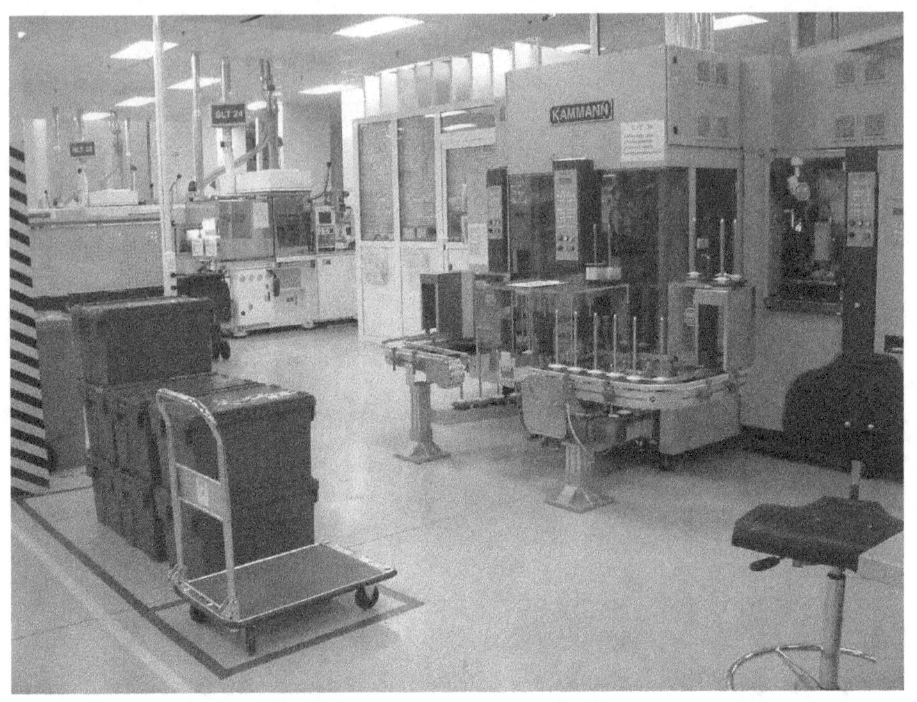

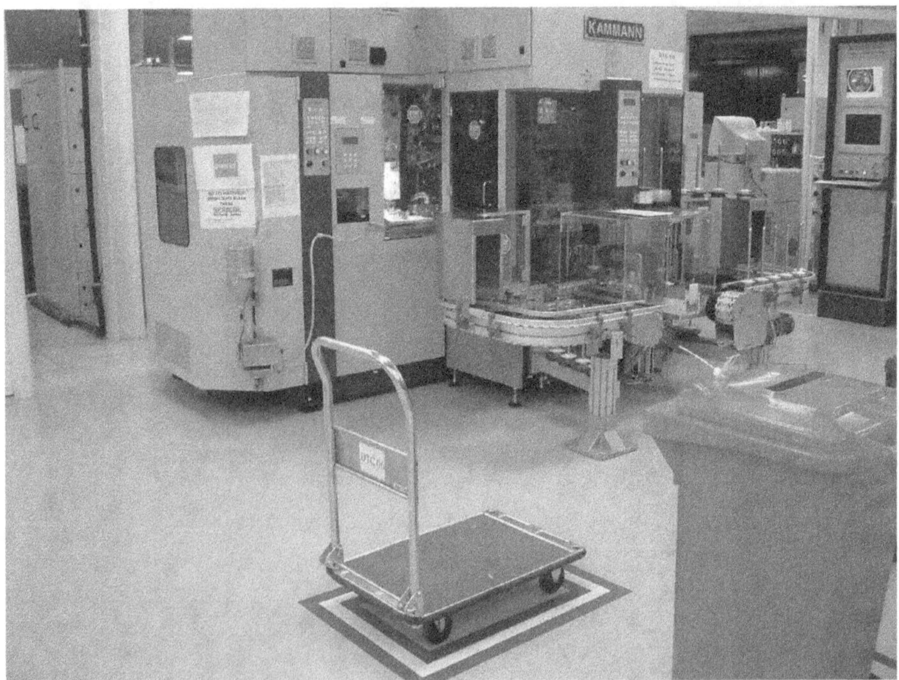

Máquina de impresión de discos ópticos.

Líneas de replicado de discos ópticos *Blu-ray.*

BICO Internacional

Descripción de la empresa

BICO Internacional es una empresa colombiana dedicada a la producción y distribución de productos de consumo en el área de papelería escolar universitaria, oficina y personal.

Forma parte del Grupo Carvajal, un conglomerado de empresas reconocidas internacionalmente.

BICO Internacional ofrece a estudiantes, profesionales y consumidores de distintas edades una gama completa de productos básicos que ayudan a hacer más fácil la comunicación y el manejo de información, y contribuyen a hacer más amable y eficaz su labor. Desde sus orígenes, esta empresa ha sido una de las principales convertidoras de papel en Colombia, al fabricar productos como: cuadernos, libretas, carpetas, blocs, libros de contabilidad, sobres, papel carbón, rollos de papel, agendas, papel plegado, papel de regalo.

Esta compañía lleva a cabo un proceso de mejora continua que le ha conducido a implementar las 5'S como parte de un programa de mantenimiento productivo total o TPM (siglas de *total productive maintenance)*.

Antecedentes

En 1904 Manuel Carvajal Valencia, en compañía de sus hijos Alberto Carvajal y Hernando Carvajal, iniciaron las actividades de Carvajal, en una modesta empresa que estaba enfocada básicamente a las artes gráficas.

La división de Productos Escolares inició actividades hace aproximadamente 45 años, y está destinada al suministro de artículos para uso escolar.

En 1995 BICO Internacional se convierte en una de las ocho empresas del Grupo Carvajal, integrando a Ofinorma, Datacar, Kiut y Productos Escolares.

La implementación de las 5'S, surge en BICO Internacional con la decisión de adoptar la filosofía de mejoramiento TPM como herramienta de mejora continua. Esta filosofía se basa en el desarrollo de ocho pilares, uno de ellos el mantenimiento autónomo, enfocado en lograr que el operador del equipo sea administrador de su proceso productivo, convirtiéndose en el dueño y responsable del mantenimiento a través de actividades básicas de inspección, limpieza y lubricación.

Problemática

Los problemas a los que se enfrentaban antes de la implementación de las 5'S:

- Elementos innecesarios para el proceso productivo.
- Suciedad excesiva en equipos y materiales.
- Desorden de los materiales y herramientas.
- Sitios de trabajo inseguros.
- Baja moral en los colaboradores.
- Número alto de paros menores de equipo.
- Pérdida de tiempo en cambios de formatos.

Proyecto de las 5'S

Para la implementación, primero se capacitó a jefes de producción como formadores de la filosofía, posteriormente se escogió la tripulación y el equipo piloto para implementar el programa y adquirir experiencia. Los miembros de este equipo piloto recibieron uniformes que los identificaban como integrantes de un grupo de mejora, lo que generó expectativas positivas en los demás colaboradores de la planta.

Se capacitó a este grupo piloto, se entregaron elementos necesarios para su implementación, tomando nota de los obstáculos presentados y documentando a través de fotografías los logros y avances obtenidos.

Más tarde, con la ayuda de materiales gráficos se desplegó la información al resto de la planta para dar a conocer los logros y avances del equipo.

Resultados

A continuación, se mencionan algunos de los beneficios que se consiguieron en materia de orden y limpieza, así como con el mantenimiento continuo de los mismos:

- Alto grado de motivación y compromiso del personal de la planta.
- Creación de un entorno de trabajo grato y seguro.
- Reducción de tiempos muertos en equipos.
- Reducción del nivel de desperdicio.

Se ha logrado mantener el orden y la limpieza:

- Mediante la creación de espacios mensuales, en donde los colaboradores orgullosamente presentan a sus jefes y compañeros los avances y casos de mejora más destacados, labor por la cual reciben un reconocimiento de parte de la empresa.

Reflexiones - conclusiones

El proceso y los resultados influyeron en el comportamiento y desempeño de las personas de la siguiente manera:

- A través de su trabajo de 5'S, los colaboradores se apropiaron del equipo, creando un vínculo afectivo, lo que los impulsó a respetar y hacer respetar sus sitios de trabajo.
- Los colaboradores empezaron a experimentar diariamente un alto nivel de motivación.
- Cada grupo de mejora logró adquirir una identidad, potenció el trabajo en equipo y destacó el aporte individual para el logro de los objetivos del grupo.

Conclusiones

La estrategia de las 5'S es un concepto sencillo al que a menudo no se le da la suficiente importancia. Sin embargo, un centro de trabajo limpio y seguro permite orientar a las personas hacia las siguientes metas:

- Dar respuesta a la necesidad de mejorar el ambiente de trabajo y evitar despilfarros producidos por el desorden, la falta de aseo, las fugas, la contaminación, etc.

- Reducir las pérdidas por problemas de calidad, tiempo de respuesta y costos, con la intervención del personal en el cuidado de su sitio de trabajo, procurando un ambiente agradable.

- Crear las condiciones para aumentar la vida útil de los equipos, mediante la inspección permanente por parte del personal que opera la maquinaria.

- Mejorar la estandarización y la disciplina, y que el personal tenga la posibilidad de participar en la elaboración de procedimientos de limpieza.

- Utilizar elementos de control visual. Como tarjetas y tableros, para mantener ordenados todos los elementos y herramientas que intervienen en el proceso productivo.

- Conservar el sitio de trabajo en óptimas condiciones mediante controles periódicos sobre las acciones de mantenimiento de las mejoras alcanzadas con la aplicación de las 5'S.

- Reducir las causas potenciales de accidentes, con lo que deberá aumentar la conciencia en el cuidado y la conservación de los equipos y demás recursos de la compañía.

- Implantar cualquier programa de mejora de calidad y productividad, como calidad total o manufactura esbelta (Lean Manufacturing).

Formatos reproducibles

- Registro de proyectos de las 5'S.
- Agenda del equipo.
- Tarjeta roja.
- Tarjeta de oportunidad.
- Informe de oportunidades de las 5'S.
- Programa de limpieza.
- Auditoría de las 5'S.

Nombre del equipo: Hombres de negro

Área: Laboratorio de pruebas

Nombre	Rol
Luis Socconini	Líder
Marco Barrantes	Miembro
Marcela Rodríguez	Miembro
Lorena Espinosa	Miembro
Sergio García	Miembro
	Miembro
	Miembro
	Miembro
	Miembro

Rubén Cárdenas	Facilitador

Fecha: 28 de diciembre 2022

<table><tr><td colspan="3" align="center">AGENDA DEL EQUIPO</td></tr></table>

Objetivos:

1. Definir fechas y logística para recibir capacitación en las 5'S
2. Conseguir material para la etapa de preparación.
3

<table>
<tr><td colspan="2">Logística:</td></tr>
<tr><td>Fecha:</td><td>3 de enero de 2023</td></tr>
<tr><td>Hora:</td><td>12:30</td></tr>
<tr><td>Lugar:</td><td>Sala Tarascos</td></tr>
<tr><td>Traer:</td><td>Propuestas de fechas</td></tr>
</table>

<table>
<tr><td colspan="3">Miembros:</td></tr>
<tr><td>1</td><td>Luis Socconini</td><td>(Líder)</td></tr>
<tr><td>2</td><td>Marco Barrantes</td><td>(Moderador)</td></tr>
<tr><td>3</td><td>Marcela Rodríguez</td><td>(Secretario)</td></tr>
<tr><td>4</td><td>Lorena Espinosa</td><td></td></tr>
<tr><td>5</td><td>Sergio García</td><td></td></tr>
<tr><td>6</td><td></td><td></td></tr>
<tr><td>7</td><td></td><td></td></tr>
<tr><td>8</td><td></td><td></td></tr>
</table>

Acuerdos

Actividad	Responsables	Fechas

TARJETA ROJA

Fecha	08/01/2023	Folio	136
Descripción	Computadora personal (GDL1QC014)		
Responsable	Sergio García		
Fecha	08/01/2023	**Folio**	136
Descripción	Computadora personal (GDL1QC014)		

CATEGORÍA

Categoría	
Accesorios o herramientas	
Cubetas, recipientes	
Equipo de oficina	X
Instrumentos de medición	
Librería, papelería	
Maquinaria	
Materia prima	
Material de empaque	
Producto terminado	
Producto en proceso	
Refacciones	
Otro (especifique)	

RAZÓN

Razón	
Contaminante	
Defectuoso	
Descompuesto	
Desperdicio	
No se necesita	X
No se necesita pronto	
Uso desconocido	
Otro (especifique)	

Responsable	*Rubén Cárdenas*
Fecha decisión	*15/01/2023*
Destino final	
Fecha	

TARJETA DE OPORTUNIDAD

Fecha	08/01/2023	**Folio**	215
Área	Laboratorio de pruebas		
Oportunidad	Mejorar el flujo de producto de pruebas funcionales en el laboratorio		
Fecha	08/01/2023	**Folio**	215
Área	Laboratorio de pruebas		
Oportunidad	Mejorar el flujo de producto de pruebas funcionales en el laboratorio		

Actividad a realizar	Propuesta
Modificar el lay-out del laboratorio. Implementar identificación de primeras entradas de producto.	Implementar primeras entradas, primeras salidas.
Equipo:	*Hombres de Negro*
Observaciones:	*Solicitar soporte de Ingeniería Industrial*

REPORTE DE ACTIVIDADES DE LAS 5´S

Nombre del equipo:	*Hombres de Negro*
Área:	*Laboratorio de pruebas*

Folio	Actividad	Categoría	Plazo	Estatus
136	Dar disposición a computadora.	Selección	B	
N/A	Hacer Inventario de piezas de repuesto utilizadas para dar mantenimiento a equipos de prueba.	Organización	B	
N/A	Etiquetar patrones para calibrar equipos de prueba.	Organización	A	
N/A	Pintar el anaquel para piezas de repuesto de equipos de prueba.	Limpieza	B	
N/A	Limpiar polvo de computadoras y parte trasera de mesas de trabajo.	Limpieza	A	
215	Modificar el lay-out del laboratorio e implementar identificación de primeras entradas de producto.	Mejora	C	

Categoría: *Selección, Organización, Limpieza, Mejora.*

Plazo: *A (Corto), B (Mediano), C (Largo).*

Lugar de trabajo: *Laboratorio de pruebas*

Área	Subárea	Responsable	Turno	Frecuencia
Uso común	Suelos	Sergio García	1	Diaria
	PC	Luis Socconini	2	Semanal
	Lámparas	Marco Barrantes	3	Quincenal
	Anaqueles	Luis Socconini	2	Quincenal
	Escritorio	Sergio García	1	Diaria
Metrología	Mesa de coordenadas	Marcela Rodríguez	2	Semanal
	Viscosímetro	Lorena Espinosa	3	Diaria
	Torquímetro	Sergio García	1	Diaria
	Básculas	Marcela Rodríguez	2	Semanal

AUDITORÍA DE LAS 5´S

Lugar de trabajo:	Laboratorio de pruebas		
Auditor:	Carlos Martínez	Fecha:	07/05/2023

5´S	Descripción a evaluar	Puntuación				
		1	2	3	4	5
Seleccionar	1. ¿Se encuentra completa la herramienta necesaria?			X		
	2. ¿Se encuentra solamente el material que necesita?		X			
	3. ¿Está correctamente separado el material y equipo que necesita?		X			
Organizar	4. ¿Se encuentra un lugar para cada cosa, y cada cosa en su lugar?			X		
	5. ¿Se encuentran delimitados los lugares de trabajo con cinta o algún otro medio?				X	
	6. ¿Se encuentra el nombre de cada pieza o herramienta en su lugar?			X		
Limpiar	7. ¿Se encuentra el área sin papeles u objetos tirados en el suelo?			X		
	8. ¿El mobiliario de trabajo se encuentra en buen estado y limpio?				X	
	9. ¿El material que se utiliza para el trabajo se encuentra limpio y en buen estado?			X		
Estandarizar	10. ¿Existen procedimientos relacionados con mantener las 5´S en el área de trabajo?		X			
	11. ¿Hay evidencia de ejecución de los procedimientos relacionados con las 5´S?		X			
	12. ¿Se encuentran en el área el lay-out o fotos que indiquen el estándar de trabajo?		X			
Seguimiento	13. ¿Cada miembro del equipo de trabajo cumple con las cuatro reglas anteriores?			X		
	14. ¿El cumplimiento de las 5´S se encuentra en constante mejora?			X		
	15. ¿Todos a quienes se pregunta, conocen en qué consisten las 5´S?				X	
	TOTAL	0	10	21	12	0

Resultado: 57%

(Suma total/75) x 100

(1) Deficiente. No se hizo nada en este concepto.
(2) Regular. Indicios de que falta trabajar con mayor esfuerzo.
(3) Bien. Existen áreas o aspectos por mejorar.
(4) Muy bien. Con alguna señal de no estar 100 % terminado.
(5) Excelente. Se cumple con los estándares establecidos para las 5´S.

Referencias bibliográficas

- *Pillars of the Visual Workplace: The Sourcebook for 5s Implementation.* Hiroyuki Hirano. Productivity Press.
- *5'S for Operators: 5 pillars of the visual workplace.* The productivity press development team. Productivity Press.

Lean Six Sigma. Sistema de gestión para liderar empresas

Luis Socconini, Carlo Reato

Lean Company. Más allá de la manufactura

Luis Socconini

Lean Six Sigma Green Belt, paso a paso

Luis Socconini, Eduardo Escobedo

Lean Energy 4.0. Guía de Implementación

Luis Socconini, Juan Pablo Martín

Lean Manufacturing. Paso a paso

Luis Socconini

Lean Six Sigma White Belt. Manual de certificación

Luis Socconini

Lean Six Sigma Yellow Belt. Manual de certificación

Luis Socconini

Lean Six Sigma Green Belt. Manual de certificación

Luis Socconini

Lean Six Sigma Black Belt. Manual de certificación

Luis Socconini

Plan de marketing. Diseño, implementación y control
Ricardo Hoyos Ballesteros

Cómo gestionar la cadena de suministo
Ed Weenk

Economía circular. Un enfoque práctico para transformar los modelos empresariales
Rozanne Henzen, Ed Weenk

Manual de estrategia de operaciones
Ángel Caja Corral

Gestión de inventarios. Métodos cuantitativos
Marco Espejo González

Manual del comercio electrónico
Eva María Hernández Ramos, Luis Carlos Hernández Barrueco

Competencias directivas
Llorenç Guilera

Indicadores económicos en el comercio internacional
Òscar Mascarilla Miró

Productos y servicios inteligentes y sostenibles
Llorenç Guilera, Antoni Garrell

Brutau, 160 – 08203 Sabadell (Barcelona) – Tel. +34-931 429 486 – marge@margebooks.com – www.margebooks.com